本书获得广西一流学科"旅游管理"建设项目（培育）时资助

中国农地制度变迁与城镇化：协同演化的视角

陈　雁　张海丰　李会成　著

中国财经出版传媒集团

经济科学出版社

Economic Science Press

图书在版编目（CIP）数据

中国农地制度变迁与城镇化：协同演化的视角/陈雁，
张海丰，李会成著．—北京：经济科学出版社，2020.8
ISBN 978 - 7 - 5218 - 1816 - 1

Ⅰ．①中…　Ⅱ．①陈…②张…③李…　Ⅲ．①农地
制度 - 研究 - 中国②城市化 - 研究 - 中国
Ⅳ．①F321.1②F299.21

中国版本图书馆 CIP 数据核字（2020）第 158482 号

责任编辑：李晓杰
责任校对：刘　昕
责任印制：李　鹏　范　艳

中国农地制度变迁与城镇化：协同演化的视角

陈　雁　张海丰　李会成　著
经济科学出版社出版、发行　新华书店经销
社址：北京市海淀区阜成路甲 28 号　邮编：100142
总编部电话：010 - 88191217　发行部电话：010 - 88191522
网址：www. esp. com. cn
电子邮件：esp@ esp. com. cn
天猫网店：经济科学出版社旗舰店
网址：http：//jjkxcbs. tmall. com
北京密兴印刷有限公司印装
710×1000　16 开　10.25 印张　180000 字
2020 年 11 月第 1 版　2020 年 11 月第 1 次印刷
ISBN 978 - 7 - 5218 - 1816 - 1　定价：46.00 元
（图书出现印装问题，本社负责调换。电话：010 - 88191510）
（版权所有　侵权必究　打击盗版　举报热线：010 - 88191661
QQ：2242791300　营销中心电话：010 - 88191537
电子邮箱：dbts@ esp. com. cn）

目 录
contents

>   >   >   >   >   >

历 史 篇

现　实　篇

导　论

　　有关土地制度的研究，无论中外，历来都是制度经济学和农业经济学交叉领域极为重要的内容，学界累积的研究成果丰硕，无论是历史上还是现在，都对我国农业及农村经济的改革产生了重要影响。从经济史的视角来看，中国经济发展史，特别是改革开放以后所取得的经济成就，都与土地制度变迁密切相关，而将农地制度变迁与城镇化问题结合起来，则是一个崭新的研究议题。

　　在史学界，对中国封建社会土地所有制问题的研究，被称为史学研究的"五朵金花"① 之一。对农村土地制度变迁的研究，是理解整个中国经济社会变迁的一把钥匙。农村土地制度作为农村经济制度体系的基石，其变迁方向的选择直接关乎经济绩效，对农业生产、农业现代化以及城镇化有着不可估量的影响。从历史的视角审视，我国改革开放以来，无论是在学术研究还是在制度实践过程中，农村土地制度变迁始终是一个无法回避的难题。与城市经济体制的创新相比，包括农村土地制度在内的农村经济制度创新呈现出一定的滞后性，同时也是当前"三农"问题的症结所在。中国经济体制改革始于农村土地制度的变革，新时代改革的新征程能否顺利推进，同样与农村土地制度的创新息息相关。

　　通过系统梳理党的十一届三中全会以来中国农村土地制度的演化历程，不难发现，中国农村改革成功的秘诀在于：在农地两权分离、家庭承包经营的基础制度框架下适时地进行渐进式的制度创新，从而在生产力与生产关系两个维度上将自身蕴含的巨大潜力释放出来，并为中国的快速工业化和城镇化提供了基础动力和核心要素。近些年来，以农民收入增长滞缓、农业生产波动、农村社会落后为特征的"三农"问题日益突出，已经成为新时代中国特色社会主义改革的主要制约因素和高质量经济发展的短板，主要原因在于农地制度创新

---

　　① 所谓"五朵金花"，即新中国成立初的中国古史分期问题讨论、封建所有制形式问题讨论、中国封建社会农民战争问题讨论、中国资本主义萌芽问题讨论、汉民族形成问题和民族关系问题讨论。

速度滞后于工业化和城镇化的发展速度，也即农地制度变迁相对滞后。

　　土地是农村经济发展、工业化和城镇化的核心投入要素，因此，农村的发展、农民收入的提高、农业现代化乃至中国的整体改革都依赖于农地制度这一制度杠杆。如果农地制度变迁滞后或者创新相对迟滞，那么不仅不能撬动其他领域的改革，而且有可能影响中国的整体改革进程。概言之，农地制度创新，不仅可以为中国的整体改革奠定制度基础，而且可以为工业化、城镇化和乡村振兴提供制度红利和溢出效应，助力中国农业现代化过程与新型城镇化步调相匹配。在我国大力实施乡村振兴战略背景下，未来中国农地制度变迁问题、农地制度变迁与新型城镇化和工业化三者之间协同演化机制问题等都是中国学术界无法回避的理论难题。在新时代，农地制度变迁、工业化与新型城镇化能否形成匹配效应，其中农地制度起着杠杆作用，也即农地制度创新对中国的整体经济改革具有系统效应，为中国在新时代的经济发展提供基础动力。

一、研究目的及意义

　　以家庭联产承包责任制为基础的我国现行农村土地制度是渐进式制度变迁的典范，在实施了将近 40 年之后仍然发挥着重要作用，它不仅成功地解决了十几亿人口的温饱问题，有效地提高了人民的生活水平，而且为中国农村经济乃至整个国民经济的增长作出了历史性的贡献。家庭联产承包责任制这一制度创新符合当时历史背景下农业家庭经营的内在需求，在相当长的时期内与我国的工业化和城镇化进程相匹配。随着我国经济改革的深入，工业化和城镇化呈现出新的特点，现行的农地制度必然需要作出相应的调整。

　　城镇化进程中，土地作为核心要素日益凸显，土地升值是城市版图扩张的必然结果，伴随土地升值还有农民对产权认知的强化。因此，改革和完善现行的农村土地制度，不仅是广大农民的强烈意愿，而且也是基于内生动力的新型城镇化的必然要求。然而，如何改革和完善现行的农地制度，学术界存在分歧。有的主张，在不改变现行土地集体所有制的前提下，通过完善和变革土地经营方式来实现农地制度的创新；有的主张，通过变革现行的土地所有制关系来建立适合现代农业发展要求的新型土地制度。在所有制改革方面，有的主张实行国有化，有的则认为应当实行土地的农民个人占有制。在经营方式改革方面，占主导地位的观点是，继续完善和健全家庭承包经营责任制，也有人主张应把家庭经营提升为集体化经营或合作化经营；在个别经济发展较快的地区，则把股份制、股份合作制等现代企业组织形式引入土地制度的创新实践中，构建土地股份合作制的全新模式。在政策实践层面，各地都不乏农地制度创新的案例，但基本还停留在试验阶段，并未全面推行。一方面是农地制度创新的强烈需求引致了地方政府的制度供给；另一方面也反映出农地制度变迁的复杂性，牵一发而动全身。因此，继续探索符合我国国情的农村土地制度变迁方向仍然是当前理论工作者和实践工作者面临的一项紧迫任务。

在新型城镇化背景下看农地制度创新，可以为我们提供一个审视中国整体经济改革的更加全面的视角。农村土地产权制度改革与城镇化二者之间的关系极其复杂，农地制度变迁关乎城镇化红利的分配、城镇化发展的质量和效益，乃至我国城乡二元结构的破题和社会安全稳定大局。换句话说，农地制度设计得当与否，直接关乎未来中国城镇化的质量，甚至整体经济改革的进程。因此，农地制度的变迁方向很大程度上决定了未来中国城镇化的基本取向和动力机制。

在区域层面，像广西这样的欠发达地区，完全可以利用国家的少数民族政策，大胆先试先行，在新时代积极探索农地制度创新和政策实践，从而推动新型城镇化不断向前，实现跨越式发展。在改革开放 40 周年之际，总结过去的农地制度变迁和城镇化的经验和教训，论证未来内生城镇化的发展模式，是理论界无法回避的责任。从这个意义上来说，对农村土地产权制度创新与城镇化内生机制关系的探索在当下中国具有深远的理论和现实意义。

有鉴于此，本书首先运用演化经济学和制度经济学的基础理论和方法，回溯中国农地制度演化过程，阐释路径依赖的形成机理。其次，将重心放在改革开放 40 年来农地制度变迁、工业化和城镇化三者间协同演化机制的探索，并以演化的视角对新制度经济学的产权理论进行了批判式继承。最后，对中国农地制度变迁的方向和未来中国城镇化的内生动力机制进行了探讨。

二、研究思路与方法

（一）研究思路

中国有着悠久的农耕历史，在几千年的农业文明史中积淀了极为丰富的农地制度实践。制度本身就是历史的遗存，对历史上农地制度变迁的梳理，对理解当下的制度实践和把握未来的变迁方向具有重要意义。通过将改革开放后的农地制度变迁与城镇化进程结合起来思考，有助于更透彻地理解新中国 70 周年尤其是改革开放以来 40 多年的经济发展成就。全书分为导论、历史篇和现实篇。

历史篇，着重对中国土地制度初始禀赋条件的形成、改革开放以来的农地制度变迁、土地流转机制和土地市场培育、农村土地制度创新的潜力和变革方向等几个问题进行探讨。现实篇，主要从改革开放之后农地制度变迁的维度审视 40 多年来快速城镇化的深层原因，并对新制度经济学的产权理论提出质疑，认为中国过去 40 多年的农地制度改革是顺应"制度演化规律"使然。在此基础上，就农地制度变迁、工业化和城镇化三者之间的协同演化机制进行了阐释，并指出三者之间形成的匹配效应从一定程度上可以解释中国过去 40 多年的增长奇迹。最后对中国未来的农地制度变迁方向和内生城镇化动力机制进行了探讨。

（二）研究方法

本书的研究将结合我国经济建设的具体国情与实践，以马克思主义作为价值判断的标准，以演化经济学和制度经济学作为基础理论，以历史作衡量的尺度，探索中国农村土地制度变革的深层次原因及其与工业化和城镇化之间的关系。因此，本书将采用以下的研究方法：

（1）文献研究法：导论和第一章主要运用文献研究法。导论部分介绍研究的目的及意义，明确研究的主题，厘清核心概念。第一章对农地制度变迁和城镇化的基础理论进行概述，进而确定本研究的切入点和理论拓展的方向，为本书写作提供理论依据。

（2）历史研究法：演化经济学认为，经济变迁是一种历史的演化过程，这个过程不仅包含未来的不确定性与非决定性，而且还包括过去沉淀的历史对未来发展所起到的制约作用。演化经济学作为一门"关于演化"的经济学，更是一门具有强烈历史感的科学，历史方法是其最基本的研究方法。本书"历史篇"运用经济史的研究方法，分析中国农地制度的变迁历程。

（3）溯因法和回溯法：与传统经济学把演绎法或归纳法看作经济学的基本科学方法不同，演化经济学的基本方法是溯因法和回溯法。溯因法是一种借助于隐喻和类比的作用，试图运用一种新的概念框架观察和解释某事物，从而对该事物作出新的理解并形成科学假说的过程；而回溯法则是在溯因法的基础上，从事物的表象回溯到其深层结构、机制和趋势的科学方法。

（4）累积因果法：运用演化经济学、制度经济学与经济史多学科相结合的方法。指出，中国农地制度变迁是一个累积因果的过程，中国的制度实践拓展了新制度经济学的制度变迁理论，并对产权理论提出了挑战。运用制度演化对产权理论进行了修正，从而对中国农地制度变迁、工业化与城镇化三者之间的关系提供了新的演化经济学解释。

三、文献综述

（一）国外研究现状

1. 制度变迁理论的相关研究

对于制度的产生，新制度经济学家们有不同的看法，主要是从制度的供给与需求两方面进行分析。对于制度需求，德姆塞茨认为，"新的产权的形成是相互作用的人们对新的收益—成本的可能渴望进行调整的反应"[①]。诺思和戴维斯则在《制度变迁的理论：概念与原理》和《制度变迁的理论：描述、类推和说明》中，构建了一个制度需求分析框架。对于制度供给，拉坦（Ruttan，1984）观察到制度供给依赖于知识基础与创新成本，以及既得利益集团的权力结构或力量对比对制度供给的重要作用。而诺思则在《经济史中的结构与变迁》一书中，对以前的需求分析框架作了补充和发展，把制度供给纳入其分析框架中，他特别强调国家以及意识形态的作用。诺思还认为，在制度变迁过程中，"路径依赖"对制度变迁具有极强的制约作用，它可以使制度变迁步入良性轨道，也可能使制度"锁定"（lock-in）在无效率状态。

近年来诺思、青木昌彦等发展了博弈论视野下的制度观（Aoki，1998），对制度的一些基本概念描述更为清楚，对主要问题的分析更精确。格雷夫

---

① R. 科斯、A. 阿尔钦、D. 诺思等. 财产权利与制度变迁——产权学派与新制度学派译文集［M］. 上海：上海三联书店、上海人民出版社，2005：100.

（Greif，1994）和米尔格罗姆（Milgrom，1994）等发展了基于重复博弈论的博弈均衡制度观。在分析中世纪背景下商人行会的模型时，他们得出了商人和统治者博弈的子博弈精炼均衡（subgame perfect equilibrium）结果。青木昌彦（Aoki，1998，2001）则发展了一种解释制度的博弈论分析方法，该方法的基本观点认为：制度既是博弈规则，也是博弈均衡，并将其称为"博弈的内生规则"。这种分析方法从内生的角度分析制度的起源和实施问题，从而揭示了制度的双重性质；在存在多重均衡可能性的情况下，可以揭示制度中"人为设计"的一面；这种内生博弈分析方法还给出了一个分析经济各项制度相互依赖关系的理论框架；同时为制度变迁机制提供了一种新的理论视角。

2. 产权理论相关研究

在产权理论方面，科斯、阿尔钦、德姆塞茨、张五常（Coase，1960；Alchian，1965；Demsetz，1967；Cheung，1969）等研究了不同所有权制度安排如何形成不同的资源配置效率。

科斯在《企业的性质》（1937）、《社会成本问题》（1960）两篇经典论文中用交易费用理论解释了组织（企业）出现的原因及组织规模的边界，认为组织在节约交易费用上具有比较优势，将产权界定与资源配置效率结合起来，后来他的追随者们将这些理论概括为"科斯定理"。阿尔钦在《产权：一个经典解释》一文中对产权作了这样的定义：产权是一个社会所强制实施的选择一种经济品的使用的权利，私有产权则是将这种权利分配给一个特定的人，它可以同附着在其他物品上的类似权利相交换。[①] 张五常（1969）在其博士论文《佃农理论——应用于亚洲的农业和台湾的土地改革》中对私有产权制度下的土地租约安排进行了研究，他认为，"在私有产权的条件下，无论是地主自己耕种土地，雇佣农民耕种土地，还是按固定的地租把土地出租给他人耕种，或地主与佃农分享实际的产出，这些方式所暗含的资源配置都是相同的"[②]。也就是说，只要产权界定清晰，所有的租约形式都是有效率的。

奥斯特罗姆（Ostrom，1992）在对土地产权进行研究时提出，不同的产权制度安排将导致不同的土地市场化程度。市场化程度的高低将直接影响土地资源形成合理市场价格的途径。在缺乏产权制度保障的情况下，土地资源的市场

---

① R. 科斯、A. 阿尔钦、D. 诺思等. 财产权利与制度变迁——产权学派与新制度学派译文集［M］. 上海：上海三联书店、上海人民出版社，2005：166.

② 张五常. 佃农理论——应用于亚洲的农业和台湾的土地改革［M］. 北京：商务印书馆，2001：3.

化流转将受到禁止，市场机制在土地价格形成过程中将无法发挥作用，从而使土地价格扭曲，不利于土地的创新以及农业绩效的提升。诺思（North，1994）将制度的激励导向分为生产性激励与非生产性激励两类，由此诱导出人们生产性努力与非生产性努力的行为差异。如果土地产权安排能激励人们将资源和努力更有效地配置于生产性活动，它就能促进农业绩效的增长；反之，如果土地产权安排在激励人们将资源与努力配置于非生产性活动方面更为有效，它就必然会妨碍农业绩效的增长。有保障的土地产权，由于土地利用者努力生产的成果对自己所有的预期较为稳定，因而其激励导向是生产性的，必然使农业绩效得到提高。德姆塞茨（1967）在研究产权理论时，特别强调了土地私有产权的重要性。他在拿土地所有制举例子时认为，共有财产是很不利的。他还指出："土地私有制的结果会使与共有制相联系的许多外部成本内在化，因为对现在的所有者来讲，他能排除其他人权利，对有关可实现的报酬进行全面的计算。这种收益与成本向所有者的集中，产生了更有效的使用资源的能力"。张五常（1968）在其论文《私有产权与分成租佃》中提出了与德姆塞茨类似的观点，"在私有产权条件下，给定了土地可自由转让（可市场化）的权利后，一个土地所有者可以不必亲自了解农作的细节，对资源的所有权的竞争会诱致有效的合约"。德姆塞茨和张五常都强调了土地私有产权的重要性，他们认为，只有在私有产权框架下，土地资源才能得到更有效的配置。

3. 土地制度与农业的相关研究

在《国富论》一书中，亚当·斯密（Adam Smith，1776）就对土地租赁制度进行了研究，他认为分成租佃制会阻碍租佃农户改良土地和投入更多劳力，因为租佃农户的一部分成果将会被土地所有者无偿占有。穆勒（John Stuart Mill，1848）认为，分租制这种制度本身未必不好，问题在于实际存在的分成制的不稳定性。在穆勒看来，若能使佃农有稳定的租佃权，分成制的弊端就可以弥补。

西奥多·W. 舒尔茨（Theodore W. Schultz，1964，1968）着重研究了土地制度与农业增长之间的关系，舒尔茨认为在改造传统农业中最重要的制度保证是：运用以经济刺激为基础的市场方式，通过农产品和生产要素价格来刺激农民；控制农场规模，用所有权和经营权合一的、能适应市场变化的家庭农场来改造传统农业。黄宗智（1985，1992）对我国华北和长三角的小农经济进行了研究，提出"过密型增长"的结论，这一理论对于解释我国传统农村的经济发展迟缓现象具有借鉴意义。

（二） 国内研究现状

1. 制度变迁理论相关研究

林毅夫（1994）对于制度变迁的方式进行了区分，将制度变迁分为"诱致性制度变迁"和"强制性制度变迁"。诱致性制度变迁是指一群（个）人在响应由制度不均衡引致的获利机会时所进行的自发性变迁；强制性制度变迁是指由政府法令引起的变迁。杨瑞龙（1998，2000）深入地探讨了地方政府在制度变迁中的作用，并提出了中间扩散型制度变迁方式以及制度变迁的三阶段转换假说。田国强（2001）提出了一个关于转型经济中最优所有权安排的理论，他认为只有当经济环境得到适当改变才能有效地变换产权所有制安排形式。钱颖一（1999）分析了 1978～1998 年中国市场化改革的进程，他认为，中国的市场化改革可看作路径依赖的过程；中国的改革与英国的"工业革命"类似，即新制度发源于政府控制较弱的地区，而且都是市场首先发展、而后法律规则和民主跟进，中国的转轨路径不具有特殊性。

2. 农地制度方面的研究

在对农地制度的研究方面，赵冈（1981）、岳琛（1990）等对中国历史上的土地制度和具体的农田制进行了深入考察，特别是赵冈，以人口因素和继承制为切入点对中国传统农村的地权分配进行了有意义的探索。另外，傅衣凌（1992）对明清时期封建土地所有制形式的深入探讨也对之后土地制度的研究产生了深远的影响。赵阳（2007）对新中国成立以来的农村土地所有制的改革进行了全面考察，并对改革开放以来的土地制度的几种创新模式进行了分析。

林毅夫（1992）对"人民公社"效率、家庭联产承包责任制改革对经济增长的影响进行了研究。张红宇（2002）对我国农村土地制度变迁的绩效进行了分析，研究了农地制度变迁对农村微观经济组织改造、农业资源要素流动的作用。钱忠好（1999）对农地私有制、农地国有制、农地集体所有制、农地复合制四种土地所有制创新的方案进行了比较分析，提出土地复合所有制具有其他三种创新方案不可比拟的优势的观点。姚洋（2000）探讨了中国农地制度的现状、农地制度与经济绩效之间的关系以及导致现有农地制度差异的原因，他特别强调效率与公平及社会稳定之间的权衡在形成现有农地制度中的作用，指出了这是国家在设计新的农地制度时必须考虑的规范问题。

　　罗必良（2008，2017）认为，农村土地流转的本质，就是推进土地要素的市场化，能够有效地改善土地资源配置效率，进一步激活农业剩余劳动力的转移，为农业规模化、集约化、高效化经营提供广阔空间，并指出"基于中国农地制度的特殊性，并鉴于新一轮农地确权中'生不增、死不减'的身份产权固化与地块'四至'的空间产权界定，有必要将科斯的思想范式进一步拓展到农地产权的交易问题——当存在交易成本时，如果不能通过产权的重新调整来改善效率，那么就有必要选择适当的产权交易装置进行匹配来改善总的福利效果"，并强调，"应该在重视产权生产制度结构的同时，深化对产权的交易中制度结构的研究"。① 姚洋（2004）提出，在一个理想的新古典框架中，土地和任何其他要素一样，自由流转可以提高资源配置效率，并能反过来促进劳动力要素的流动和农业生产效率的提高。已有的实证研究也证实，土地交易权的限制对土地产出率具有负面影响，其影响途径是降低要素配置效率和减少农户对土地的长期投入。梁亚荣和刘安然（2006）从新农村建设角度阐述了农村土地制度改革的意义，认为新农村建设与农地制度改革两者相互影响、相互促进。新农村建设推动了农地制度改革，而农地制度改革特别是规范的农村土地流转制度改革会大大加快新农村建设的步伐。李明宇（2006）在分析农村土地流转的意义时认为：农村土地流转制度的改革关系到整个改革的成败，是建设社会主义新农村的必然要求，加快农村土地流转制度改革会在很多方面促进农村的发展。

　　3. 农地制度与城镇化发展方面的研究

　　国内学界对城镇化的研究滞后于城镇化的发展，在相当长的一段时期内甚至认为，"城镇化被认为是资本主义的特有规律，在社会主义条件下不存在城镇化现象"②，这种认识从一定程度上延缓了学术界对城镇化的研究。改革开放后吴友仁（1979）③是较早研究城镇化问题的学者，此后包括政治学、经济学、社会学等在内的学者迅速跟进。尤其是党的十八大后以习近平同志为核心的党中央提出新型城镇化以来，城镇化问题更成为研究的热门。在对城镇化模式的研究中由于其涵盖内容和方向的广泛性，各有不同。关于城镇化动力机制的研究，大多数学者（杨虹，2000；顾朝林等，2008）都是从自上而下和自

---

　　① 罗必良. 科斯定理：反思与拓展——兼论中国农地流转制度改革与选择［J］. 经济研究，2017，52（11）：178－193.

　　② 顾朝林等. 中国城镇化格局、过程、机理［M］. 北京：科学出版社，2008：3.

　　③ 吴友仁. 关于我国社会主义城镇化问题［J］. 城市规划，1979（10）：19－26.

下而上两个角度进行概括。① 杨虹（2000）分析了自上而下城镇化和自下而上城镇化的基本特征，并进一步分析了政府发展的自上而下的城镇化和由民间力量或社区组织发展并得到政府认可或支持的自下而上的城镇化区别。② 这两种城镇化发展模式也是大部分学者公认的观点，很多学者也是围绕这两点进行对城镇化的研究。但鲜有将农地制度变迁与城镇化发展联系起来进行研究的。

4. 城镇化发展模式的研究

曹刚（2010）认为，从城镇化历史进程中城乡关系变化的视角，城镇化可分为城市瓦解农村、农村转变为城市和城市馈补农村模式。③ 龙奋杰和王爵（2012）基于贵州的特点和发展现状，探讨了农业产业型、工业发展型、交通物流型、生态旅游型和综合都市型五种新型城镇化发展模式，并基于每种模式需要的资源及其对资源可达性的要求建立城镇化模式选择模型。④ 李强等（2016）对就地城镇化进行了研究，并提出就地城镇化有大城市近郊乡村的城镇化、地方精英带动的村庄城镇化、外部资源注入的乡村城镇化三种典型模式。⑤ 周阳敏（2016）基于制度资本层次分析了资源共享型、效率提升型、机会创造型、成本优化型、合法性认同型、试验标杆式、非正式制度创建型、正式制度创建型八种包容性城镇化模式。⑥ 田文富（2016）提出了"产城人"融合发展的绿色城镇化模式。⑦ 周旋等（2016）针对农牧区产业发展落后、农牧民生活条件差、人力资源得不到充分发挥、公共服务缺乏、社会管理松散等特征，根据可持续发展理论、空间结构理论，提出了建设具有内生性特征，融农牧民聚居区建设、经济发展、生态环境保护和社会管理等于一体的经济、社会、生态复合型的新型农牧区城镇化发展模式。⑧ 陈明星等（2016）根据中部地区当前城镇化发展面临的重要机遇，认为促进就近城镇化发展模式是中西部地区首先应该考虑的内容，并提出促进就近城镇化发展是加快推动实现人的城

---

① 张庭伟. 对城镇化发展动力的探讨 [J]. 城市规划, 1983 (5): 59-62, 47.

② 杨虹, 刘传江. 中国自上而下城镇化与自下而上城镇化制度安排比较 [J]. 华中理工大学学报（社会科学版）, 2000 (2): 77-79.

③ 曹钢. 中国城镇化模式举证及其本质差异 [J]. 改革, 2010 (4): 78-83.

④ 龙奋杰, 王爵, 王雪芹, 邹迪. 基于资源可达性的贵州省新型城镇化模式 [J]. 城市发展研究, 2016, 23 (3): 111-117.

⑤ 李强, 张莹, 陈振华. 就地城镇化模式研究 [J]. 江苏行政学院学报, 2016 (1): 52-60.

⑥ 周阳敏. 制度资本、微观动力与包容性城镇化模式研究 [J]. 当代财经, 2016 (9): 14-23.

⑦ 田文富. "产城人"融合发展的绿色城镇化模式研究 [J]. 学习论坛, 2016, 32 (3): 37-39.

⑧ 周璇, 唐柳, 王茹. 农牧区城镇化模式创新与新型农牧区综合体建设研究 [J]. 农村经济, 2016 (9): 49-55.

镇化的重要内容，本地农业剩余人口转移、农民工返乡就业和农民工返乡创业将是人口就近城镇化的主要模式和主要路径。①

　　王军（2009）则根据地域类型及其主要特征差异，提出国际上典型的城镇化发展模式可分为三种：西欧的早期城镇化模式、北美的蔓延型城镇化模式和拉丁美洲的过渡型城镇化模式。② 仇保兴（2005）依据政府与市场在城镇化发展中的作用、城镇化与工业化及经济发展的关系，把世界城镇化发展模式分为三种，分别是以西欧为代表的政府调控下的市场主导型城镇化、以美国为代表的自由放任式的城镇化和以拉美国家为代表的受殖民地经济影响的发展中国家的城镇化。③ 邓祥征等（2012）指出，国外以资源禀赋的不同，可分为"采矿城镇""牛镇""铁路城镇""组合式城市"等城镇化发展模式。④

　　5. 城镇化发展动力的研究

　　内生动力方面的研究如下。由于乡镇企业发展、家庭企业和专业市场成长以及农村经济发展等因素推动的城镇化是典型的自下而上城镇化发展模式（刘红星，1999）。⑤ 此外，刘奇（2014）提出，中国城镇化的重要途径是就近城镇化与就地城镇化，不仅成本低，而且方案可行，现在各地兴起的大学城模式、批发城模式、产业城模式、大众创业万众创新城模式等都是重要模式。⑥ 沈和劳伦斯（Shen and Laurence，2005）则认为，以"苏南模式"为代表的乡镇企业私有化及其相伴相生的中国乡村城镇化是中国城镇化发展的重要模式。⑦ 外生动力方面的研究如下。李强等（2012）提出，中国城镇化的特征是政府强力主推、空间巨幅跳跃、整体全面动作、发展过于超前、幻想大于现实、民间能力缺乏等，他们将当前中国城镇化推进模式分成了单列新区新城城镇化模式、旧城改造与城中村或都市村庄改造模式、示范区开发区创新区城镇化模式、郊区延伸边缘链接模式、中央商务区模式、乡镇集聚与乡镇城镇化模

　　① 陈明星，龚颖华，隋昱文. 新型城镇化背景下中部地区的人口就近城镇化模式研究［J］. 苏州大学学报（哲学社会科学版），2016，37（6）：7－14.
　　② 王军. 国际典型城镇化模式与我国的比较及其启示［J］. 江苏城市规划，2009（4）：43－46.
　　③ 仇保兴. 国外模式与中国城镇化道路选择［J］. 人民论坛，2005（6）：42－44.
　　④ 邓祥征，金琴，林丹琪. 中国西部城镇化发展模式研究［J］. 农村金融研究，2012（2）：37－40.
　　⑤ 刘红星. 温州市城镇化特点分析和水平预测［J］. 城市规划，1987（2）：39－43，7.
　　⑥ 刘奇. 大学带城企业造城市场兴旺中国城镇化三条新路径［J］. 人民论坛，2014（13）：62－63.
　　⑦ Shen X.，Laurence J. C. M. Privatization of Ural Industry and Defacto Urbanization from below in Southern Jiangsu，China［J］. Geoforum，2005（36）：761－777.

式（合村并镇）、村子集聚与乡村城镇化模式七类。① 张秀娥和李冬艳（2015）着重分析了山东诸城构建的以农村社区为基础，以城区为中心，以城镇、街道为依托的新型城镇化体系的诸城模式，以土地向规模集中、住宅向社区集中、人口向城市集中为基本要求，通过城乡建设用地增减挂钩，实现的整村城镇化的"平阳模式"和以小城镇建设为核心、高水平规划先行的"望城模式"。② 秦震（2013）发现中国城镇化最明显的特色就是政府在城镇化进程中始终发挥着关键且不可替代的作用，但很显然，政府通过行政命令主导城镇化发展模式明显有悖于经济发展规律和城镇化规律，因而城镇化出现了质量低下、工业空乏、土地滥用等问题。③ 隋平（2013）着重阐述了以大城市带动大郊区发展的"成都模式"、以宅基地换房集中居住的"天津模式"、通过产业集聚带动人口集聚的"广东模式"、以乡镇政府为主体组织资源的"苏南模式"、以个体私营企业为主体的"温州模式"等几种城镇化发展模式。④ 李云新和杨磊（2015）指出中国城镇化"推进模式"表现为地方政府在经营城市的理念下，通过单一的土地开发方式推进城镇发展，行政科层运作取代了市场和公民参与机制是其内在本质特征。城镇化"推进模式"与地方间竞争、土地财政依赖等因素高度相关。地方政府的强力推进保证了城镇化的高速发展和各类项目的大规模实施，却也带来了市场动力不足、土地城镇化、公共服务超载、城镇空间无序扩张以及利益冲突加剧等现实问题。⑤ 张庭伟（1990）着重以北京、上海、广州等特大城市为例分析了郊区化问题，并指出，这个郊区化过程的动力机制，包括政策因素——城市土地有偿使用制度的建立；促使土地批租、土地置换和企业郊迁，及住房制度改革和大规模市政建设和旧房改造带来居住区的外迁；经济因素——国内外巨额建设投资为郊区化提供了资金；以及技术发展因素——新的交通和设施、通信设施使郊迁的缺点大幅下降，从而消除了郊迁的顾虑，鼓励了郊区化。⑥ 此外国家直接投资建设城市、国家大型企业和重点

① 李强，陈宇琳，刘精明. 中国城镇化"推进模式"研究 [J]. 中国社会科学，2012（7）：82-100，204-205.
② 张秀娥，李冬艳. 新型城镇化的发展模式及路径研究 [J]. 经济纵横，2015（7）：27-30.
③ 秦震. 论中国政府主导型城镇化模式 [J]. 华南师范大学学报（社会科学版），2013（3）：24-29，161.
④ 隋平. 新型城镇化的模式及路径研究 [J]. 学术论坛，2013，36（8）：144-147，155.
⑤ 李云新，杨磊. 中国城镇化"推进模式"的发展困境与转型路径 [J]. 中国行政管理，2015（6）：53-57.
⑥ 张庭伟. 1990年代中国城市空间结构的变化及其动力机制 [J]. 城市规划，2001（7）：7-14.

项目带动、大中城市由于不断发展而向外扩展等（齐康，夏宗轩，1985），[①]
外资带动型、外贸激发型、旅游促动型（顾朝林等，1995）的由政府和市场
共同推动（宁越敏，1998）[②]的外力推动模式也带有很浓的自上而下城镇化色
彩。[③] 李强等（2012）[④] 从城镇化的动力机制和空间模式两个视角理解中国城
镇化"推进模式"的特征，发现中国城镇化的突出特征是政府主导、大范围
规划、整体推动、空间上有明显的跳跃性、民间社会尚不具备自发推进城镇化
的条件等。可将我国城镇化"推进模式"区分为七种类型：建立开发区、建
设新区和新城、城市扩展、旧城改造、建设中央商务区、乡镇产业化和村庄产
业化，并提出这七种推进模式在现实经验中可以相互结合和互相交叉。例如，旧
城改造可以与建设中央商务区相结合。并认为我国多数区域的城镇化推进方式都
不是单一模式，往往是多种不同模式的综合。政府主导的城镇化推进模式充分体
现了中国的制度创新性及灵活性，但如何更加尊重客观经济规律，促进政府与民
众良性互动，以实现城市增长的公平正义，是亟待研究和解决的重大问题。

　　6. 未来城镇化发展模式方面的研究

　　隋平（2013）提出了未来的新型城镇化发展模式，即核心目标是全体人
民共享改革开放和经济发展成果，促进经济社会全面协调可持续发展；重要原
则是坚持区域统筹、城乡统筹、经济社会统筹和人与自然统筹；建立健全体制
机制，是健康推进新型城镇化的根本保障；重点是以人为本而不是以物为主。
最后提出要在户籍制度、土地制度和财税分配制度等方面进行改革，推进新型
城镇化发展。[⑤] 辜胜阻等（2014）通过调研发现，城镇化是新一轮经济发展的
重要引擎，并提出由民营企业来主导城镇化发展的新模式，既能提振经济信
心，又能给予民营企业充足的发展机会与拓展空间。[⑥] 胡拥军（2014）认为政
府与市场关系依然失调，建议新型城镇化模式要回归城市发展的本源。[⑦] 丁守

　　① 齐康，夏宗轩. 城镇化与城镇体系 [J]. 建筑学报，1985 (2)：15 - 21.
　　② 宁越敏. 新城镇化进程——90 年代中国城镇化动力机制和特点探讨 [J]. 地理学报，1998
(5)：88 - 95.
　　③ 薛凤旋，杨春. 外资影响下的城镇化——以珠江三角洲为例 [J]. 城市规划，1995 (6)：21 - 27.
　　④ 李强，陈宇琳，刘精明. 中国城镇化"推进模式"研究 [J]. 中国社会科学，2012 (7)：
82 - 100，204 - 205.
　　⑤ 隋平. 新型城镇化的模式及路径研究 [J]. 学术论坛，2013，36 (8)：144 - 147，155.
　　⑥ 辜胜阻，刘江日，曹誉波. 民间资本推进城镇化建设的问题与对策 [J]. 当代财经，2014
(2)：5 - 11.
　　⑦ 胡拥军. 新型城镇化条件下政府与市场关系再解构：观照国际经验 [J]. 改革，2014 (2)：
120 - 130.

海（2014）发现乡镇层面的城镇化与以城市为中心的城镇化不同，并认为，乡镇层面的城镇化除了从需求角度影响存量劳动力的就业外，还会从多个维度冲击农村劳动力的供给意愿，并改变劳动力蓄水池的容量；也就是说，城镇化只提高了劳动力的非农供给意愿，但并不改善非农产业的劳动需求。① 秦震（2013）提出政府应改变传统城镇化发展模式，让城镇化回归市场，集中精力做好制度安排和制度创新，完成"城市公共服务提供者"的使命，为城镇化的健康可持续发展提供良好的制度环境。② 李云新和杨磊（2015）指出为了化解城镇化"推进模式"带来的负面效应，应坚持走新型城镇化道路，采取硬化权力约束、转换动力机制、明晰制度规则、重构激励体系以及消除行政壁垒等政策措施，不断增强城镇可持续发展的能力。③ 辜胜阻和刘江日（2012）④认为，"要素驱动"的城镇化发展模式难以为继，必须向"创新驱动"转变。吴华和武健（2014）⑤、权衡（2014）⑥ 则认为需提高要素流动性、推进要素市场化改革、实现城乡要素相协调促进新型城镇化。倪鹏飞（2013）提出，城镇化对中国经济社会发展意义重大，但是传统城镇化模式不可持续，必须探索新型的城镇化发展模式。新型城镇化模式的基本内涵是，以科学发展观为指导方针，坚持"全面、协调、可持续推进"的原则，以人口城镇化为核心内容，以信息化、农业产业化和新型工业化为动力，以"内涵增长"为发展模式，以"政府引导、市场运作"为机制保障，走可持续发展道路，推进城乡一体化。⑦

总的来说，通过已有对城镇化模式和农地制度研究的文献梳理，我们可以发现，国外学者对中国城镇化模式的研究更多是基于限制人口流动、城镇化粗放以及发展滞后的原因探讨等几个方面，缺乏对中国国内政策背景的深入解读与分析。中国的学者对中国城镇化模式的研究也多是从资源、城镇化推动模式以及大中小等城镇化规模等进行概念性探讨，在快速发展的新形势下，并没能

---

① 丁守海. 中国城镇发展中的就业问题 [J]. 中国社会科学, 2014（1）: 30 – 47, 204 – 205.

② 秦震. 论中国政府主导型城镇化模式 [J]. 华南师范大学学报（社会科学版）, 2013（3）: 24 – 29, 161.

③ 李云新, 杨磊. 中国城镇化"推进模式"的发展困境与转型路径 [J]. 中国行政管理, 2015（6）: 53 – 57.

④ 辜胜阻, 刘江日. 城镇化要从"要素驱动"走向"创新驱动" [J]. 人口研究, 2012, 36（6）: 3 – 12.

⑤ 吴华, 武健. 要素流动规律对我国新型城镇化建设的启示 [J]. 中国财政, 2014（20）: 56 – 58.

⑥ 权衡. 以要素市场化改革推进新型城镇化建设 [J]. 国家行政学院学报, 2014（3）: 29 – 30.

⑦ 倪鹏飞. 新型城镇化的基本模式、具体路径与推进对策 [J]. 江海学刊, 2013（1）: 87 – 94.

够将时代发展的新情况新形势有机融入进去。对中国农地制度的研究，大都集中于产权制度对农业绩效的影响研究。进一步说，国内外学者无论是基于地区资源优势进行的城镇化模式研究，还是基于发展大环境下提出的就地城镇化模式，抑或是由上而下或者由下而上的城镇化推动模式，鲜有将农地制度创新与城镇化发展联系起来的。本书将农村土地产权制度和城镇化发展结合起来，并将前者作为城镇化内生机制的一个主要因子，将两者结合起来考察，无论是对未来农地制度变迁的方向，还是对新型城镇化动力机制的探索，都是有益的尝试。

历 史 篇

第一章

制度变迁、路径依赖与路径创造

本章首先介绍制度和产权的定义及功能，接着阐释了演化经济学中的核心概念——"路径依赖"。新古典增长理论把技术和制度视为外生变量，这实际上剔除了增长的主要动力因子。本章在回顾了有关技术变迁和制度变迁的路径依赖理论之后，总结了形成路径依赖的原因，指出了这一理论的不足之处，并引入路径创造理论来破解路径依赖。本书认为，演化经济学能够较好地解释技术变迁和制度变迁的动力机制问题，也为农地制度变迁和新型城镇化动力机制的阐释提供了理论基础。

一、制度和产权的定义及功能

（一） 制度的定义及功能

制度学派的代表人物——康芒斯把制度定义为"集体行动控制个体行动"[①]，他认为集体行动中的法律制度最为重要。他还认为，法律制度是先于经济制度而存在的，并且对经济制度的演进起着决定性的作用。舒尔茨（Schultz，1968）把制度定义为"一种行为规则，这些规则涉及社会、政治及经济行为"[②]，这一定义为以后研究制度的学者所接受。诺思（North，1990）

---

① 康芒斯. 制度经济学（上册）[M]. 北京：商务印书馆，2006：87.
② 德姆赛茨. 关于产权的理论 [A]. R. 科斯，A. 阿尔钦，D. 诺斯. 财产权利与制度变迁：产权学派与新制度学派译文集 [C]. 刘守英，等译. 上海：上海三联书店，1990：98.

综合了前人的观点，认为制度是一系列被制定出来的规则、守法程序和行为的道德伦理规范，它旨在界定人们选择空间和相互间关系，制约人们的行为，他在《制度、制度变迁与经济绩效》一书中进一步对制度进行概括："制度是一个社会的游戏规则，更规范地说，它们是为决定人们的相互关系而人为设定的一些制约"①。

制度学派、新制度经济学派对制度的定义虽有所不同，但是其基本含义是一致的。特别是新制度经济学派的诺思，他对制度的定义非常清楚，而且很规范，因此被学界广泛认可，为后来的学者研究经济制度提供了科学的参考。

新制度经济学派的学者们按照不同的标准对制度进行了分类，其中诺思对制度的划分为学界所普遍接受。诺思在《制度变迁的理论：概念与原因》一文中将制度划分为制度环境和制度安排："制度环境，是一系列用来建立生产、交换与分配基础的基本的政治、社会和法律基础规则。""一项制度安排，是支配经济单位之间可能合作与竞争的方式的一种安排，制度安排可能最接近于'制度'一词的最通常使用的含义了。安排可能是正规的，也可能是非正规的，它可能是暂时性的，也可能是长期的"②。从以上定义中我们可以看出，制度安排一般在制度环境的框架里进行，制度环境决定着制度安排的性质、范围、进程等，但是制度安排也反作用于制度环境。诺思在《制度、制度变迁与经济绩效》一书中进一步对制度进行了划分，他认为制度由非正规约束、正规约束以及实施机制构成。

（二）产权的定义及功能

德姆塞茨在产权理论方面建树颇多。他是新制度经济学的分支——产权经济学的创始人之一，也是较早对产权概念等基本理论进行深入研究的少数经济学家之一。他在其经典论文《关于产权的理论》（1967年5月载于《美国经济评论》）中对产权是这样定义的："产权包括一个人或其他人受益或受损的权利。"也就是说"产权是界定人们如何受益及如何受损""产权是一种社会工具，其重要性就在于事实上它们能帮助一个人形成他与其他人进行交易时的合

① 诺思. 制度、制度变迁与经济绩效 [M]. 上海：上海三联书店、上海人民出版社，1994：3.
② R. 科斯、A. 阿尔钦、D. 诺思等. 财产权利与制度变迁——产权学派与新制度学派译文集 [M]. 上海：上海三联书店、上海人民出版社，2005：270－271.

理预期"①。德姆塞茨对产权的定义突出了产权的行为性和社会关系性。诺思（1980）对产权的解释和德姆塞茨基本一致。他在《经济史上的结构和变革》一书中指出"产权本质上是一种排他性权利"，特别强调了产权的排他性特征。

产权作为人与人之间围绕财产而建立的经济权利关系，具有排他性、有限性、可交易性、可分解性、行为性等性质。

产权的功能表现为产权对于社会经济关系和经济运行的作用。这些功能也可以说是产权的内在属性。一种产权安排（产权结构）就有一种功能状态，人们对经济关系和经济运行往往有许多目标，可以很大程度上依据产权的功能及其变动规律，使功能按照人们的价值标准来实现目标。制度创新的目的其实就在于通过改变产权结构，从而达到优化产权功能的目的。例如：土地产权在一定的限度内，制度设计者完全可以调整它，特别是调整具体的产权规则，以提升经济绩效。下面分析产权的主要功能。

（1）产权可以减少不确定性。人们在面临选择时总是要面对社会中的很多不确定因素，设置产权就可以减少这种不确定性，从而大大降低人们经济交往中的交易费用。人们设置产权、设计种种产权规则，都是为了对付不确定性和复杂性，以克服人类的不完全理性。（2）产权可以将外部性内部化。福利经济学研究外部性问题，是为了考察外部性对帕累托最优条件的影响，以及消除这种影响的政策规范。外部性问题表现为新的产权设置或界定问题。一旦这种权利得到界定，谁是其拥有者就变得明确，也就是对外部性设置了产权。一旦这种产权设置起来，外部性就被内部化了，不再出现外部正效益或负效益。（3）产权具有激励功能。如果经济活动主体的产权被明确界定，就限定了他的选择集合，并且使其行为有了收益保证或稳定的收益预期。这样，其行为就有利益激励，有效激励就是充分调动主体的积极性，使其收益预期与其努力程度一致。产权的激励功能就是保证两者基本一致。（4）产权具有约束的功能。产权的约束功能基于产权的有限性，基于这种有限性，产权也就具有了对产权主体的约束功能。约束和激励是经济主体的两个方面，约束从某种意义上来说是一种反面的激励。激励对主体来说，是一种诱致性、吸引性的力量，可以调动产权主体的积极性。而约束却是一种

---

① 德姆塞茨. 关于产权的理论［A］. R. 科斯、A. 阿尔钦、D. 诺思等. 财产权利与制度变迁——产权学派与新制度学派译文集［M］. 上海：上海三联书店、上海人民出版社，2005：97.

逆向的、限制性的力量，可以抑制产权主体超越权能的行为。（5）产权具有配置资源的功能。产权安排（产权结构）直接形成资源配置状况或驱动资源配置状态改变或影响对资源配置的调节。因为产权就是对各种资源或生产要素的权利，甚至可以认为，权利本身就是一种生产要素。因此，也就不难理解产权具有配置资源的功能。

（三）土地产权理论

土地产权是指以土地所有权为基础的一个排他性的完全权利束，它还包括土地使用权、收益权、处置权等。本书所指的土地主要是农村集体所有制下的农业用地。据马克思在《政治经济学批判（1857~1858 年手稿)》中对原始社会产权的考察认为，原始社会产权基本上是公有产权，而以土地公有最为典型。从这里我们可以看出，土地产权的最初形式是公有产权。前文提到，新制度经济学派的大部分学者都认为产权就是指私有产权，因此，他们在研究土地产权时更多的是对土地私有产权的研究。

奥斯特罗姆（Ostrom，1992）在对土地产权进行研究时提出，不同的产权制度安排将导致不同的土地市场化程度。市场化程度的高低将直接影响土地资源形成合理市场价格的途径。在缺乏产权制度保障的情况下，土地资源的市场化流转将受到禁止，市场机制在土地价格形成过程中将无法发挥作用，从而使土地价格扭曲，不利于土地的创新以及农业绩效的提升。

诺思（North，1994）将制度的激励导向分为生产性激励与非生产性激励两类，由此诱导出人们生产性努力与非生产性努力的行为差异。如果土地产权安排能激励人们将资源和努力更有效地配置于生产性活动，它就能促进农业绩效的增长；反之，如果土地产权安排在激励人们将资源与努力配置于非生产性活动方面更为有效，它就必然会妨碍农业绩效的增长。有保障的土地产权，由于土地利用者努力生产对自己成果的预期较为稳定，因而其激励导向是生产性的，必然使农业绩效得到提高。

德姆塞茨（Demsetz，1967）在研究产权理论时，特别强调了土地私有产权的重要性。他在举土地所有制的例子时认为，共有财产是不利的，他指出："土地私有制的结果会使与共有制相联系的许多外部成本内在化，因为对现在的所有者来讲，他能凭借排除其他人权利，对有关的可实现的报酬进行全面的计算。这种收益与成本向所有者的集中，产生了更有效的使用资源的能力"①。张五常（Cheung，1968）在其论文《私有产权与分成租佃》中提出了和德姆塞茨类似的观点，"在私有产权条件下，给定了土地可自由转让（可市场化）的权利后，一个土地所有者可以不必亲自了解农作的细节，对资源的所有权的竞争会诱致有效的合约"②。德姆塞茨和张五常都强调了土地私有产权的重要性，他们认为，只有在私有产权框架下，土地资源才能得到更有效的配置。

二、路径依赖理论的源起

路径依赖（path dependence）最早是从生物学借鉴过来用于解释技术变迁的过程，其强调初始状态中一些小的随机扰动因素（优势）能够改变历史进程，或锁定（lock-in）在某种路径上（戴维斯，1985）③。以现在已经司空见惯的 QWERTY 键盘为例，来解释了路径依赖的形成机制。戴维斯认为 QWERTY 键盘在发明之初不是效率最高的，但后来却占据了统治地位，这主要是由于报酬递增和投资的准不可逆性造成的。QWERTY 键盘安装的越多，相匹配的打字员就越多，随着拥有这种技术的打字员的增多，QWERTY 键盘的销量就越好，从而实现了规模经济和报酬递增；而这种局面一旦形成，要想重新更换另一种键盘就要重新培训打字员，这种转换成本可想而知是非常高昂的，也就是说在 QWERTY 键盘上的这种投资是准不可逆性。因此，他指出历史是重要的（history matters），偶然因素和报酬递增很可能导致技术锁定在一种无效率的状态。

美国圣塔菲研究所（SFI）的亚瑟（Arthur，1989④；1994⑤）在研究技术变迁时，得出了与戴维斯相似的结论。他认为，技术采用通常表现出报酬递增

---

① 德姆塞茨. 关于产权的理论，转引自：R. 科斯、A. 阿尔钦、D. 诺思等. 财产权利与制度变迁——产权学派与新制度学派译文集 [M]. 上海：上海三联书店、上海人民出版社，2005：107.

② 张五常. 私有产权与分成租佃，转引自：R. 科斯、A. 阿尔钦、D. 诺思等. 财产权利与制度变迁——产权学派与新制度学派译文集 [M]. 上海：上海三联书店、上海人民出版社，2005：129.

③ 戴维斯，P. A. Clio and the Economics of QWERTY [J]. American Economic Review 1985，75（2）：332 – 337.

④ Arthur，W. B. Competing Technologies，Increasing Returns，and Lock-in by Historical Events [J]. The Economic Journal，1989，99（394）：116 – 131.

⑤ Arthur，W. B. Increasing Returns and Path Dependence in the Economy [M]. The University of Michigan Press，1994.

的特点，当两个或更多"报酬递增"技术竞争时，市场中的潜在用户和看似无关紧要的偶然事件可能给其中一种技术以初始优势。这种优势的累积和延续最终导致锁定。与戴维斯不同的是，亚瑟试图超越常规的静态分析，对报酬递增问题进行动态考察，他认为在众多可供"选择"的技术之中，一个打破均衡的随机"历史事件"使报酬递增锁定在并不比备选技术更有效率的当前技术上，而且不易改变，也无法预期。在这种情况下技术扮演着演化的角色，类似于遗传学中的"创始人效应"（founder effect），"历史"变得重要。他还指出，从动态来看，报酬递增在供给方的学习效应和需求方的正网络外部性作用下得以实现，并使技术锁定在某一范式上。考恩（Cowan，1990）[①] 通过对核反应堆技术的研究得出，在报酬递增的作用下，一个低级技术可能会主导市场。在核电领域，轻水堆（light water）被认为不如其他技术，但它确占据了核电技术的主导地位，这主要是由于早期的技术采用和研发由美国海军潜艇推进。当这一技术转化为民用，轻水技术早已根深蒂固，其他技术根本无法进入这一市场。

利伯维兹和马尔戈利斯（Liebowitz & Margolis，1995）[②] 在研究技术变迁时将信息因素引入进来，对戴维斯等的研究进行了扩展。他们提出，技术变迁不仅受到初始条件和报酬递增的影响，还有可能是变迁的成本很高而导致锁定。戴维斯的分析主要是基于静态的，引入不完全信息，提出多重均衡的可能性。从动态的角度来看，若由一种技术转换到另一种技术的转换成本（switching cost）很高的话，那么静态标准下效率低的技术，在动态标准下效率可能是较高的。这比戴维斯和亚瑟强调报酬递增作用的路径依赖就更进了一步。利伯维兹和马尔戈利斯（1999）[③] 在稍晚的一篇论文中还对路径依赖的程度进行了区分，通过引入信息因素，对人们技术选择形成的路径依赖划分为三种类型。这三种类型的路径依赖程度是逐步增强的：一级路径依赖是一个简单的跨时期关系，没有隐含低效率的意思；二级路径依赖指人们在不完全信息下进行决策时，没有意识到所选路径的缺陷，想要改变它但代价很高；三级路径依赖

---

① Cowan, R. Nuclear Power Reactors: A Study in Technological Lock-in [J]. The Journal of Economic History, 1990, 50 (3): 541–567.

② Liebowitz, S. J. Margolis, S. E. Path Dependence, Lock-in, and History [J]. Journal of Law, Economics and Organization, 1995 (4): 205–226.

③ Liebowitz, S. J. Margolis, S. E. Winners, Losers and Microsoft: Competition and Antitrust in High Technology [J]. The Independent Institute, 1999 (7): 981–998.

可以理解为市场失灵，是指在信息通畅条件下错误地选择了无效路径，而这个错误其实是可以避免的。

经济系统中的正反馈机制导致路径依赖的出现，一项技术随着使用者的增加以及在他们之间的交互作用下形成网络效应，而多样性在这种网络效应中是低效率的，因此这些交互往往取决于其采用的一些常用技术。而技术变迁可以影响固有的网络效应和收益分配，新技术及其使用随着时间的推移而产生新的交互模式和收益分配格局，从而改变人们的预期，使新技术逐渐代替旧技术，实现技术革新。因此，经济系统的路径依赖不仅告诉我们"历史重要"，更关键的是它还告诉我们"时间很重要"（Puffert，2000）①。而佩奇（Page，2006）② 同样以 QWERTY 键盘为例，对各种类型的路径依赖进行了分类并强调路径依赖是一种均衡的结果，他指出，在研究路径依赖时只关注报酬递增和正外部性是片面的，正外部性夸大了路径依赖的程度，负外部性也是形成路径依赖的原因，但是这一点往往被学者忽视。

三、制度变迁中的路径依赖

诺思和戴维斯较早系统地阐述了制度变迁理论，拉坦和青木昌彦等对制度变迁理论进行了拓展。诺思早期在研究美国经济史时就将制度因素纳入分析框架，此后，他进一步将这套历史制度分析方法加以完善，最终形成了较为系统的制度变迁理论。

戴维斯和诺思（1970）③ 最早区分了强制性变迁和诱致性变迁。他们认为，一种安排如果是政府形式，那么它就包含政府的强制权力；如果它是一种自发形式，它可能是现有产权结构的强制权力的基础。至于制度安排的形式，从纯粹自发的形式到完全由政府强制的形式都有可能。在两个极端之间存在着广泛的半自发半政府结构。

拉坦在《诱致性制度变迁理论》一文中对制度变迁作了界定，他认为：

---

① Puffert, D. J. "Path Dependence, Network Form and Technological Change" in "History Matters: Economic Growth, Technology and Population", Stanford University, June 2 – 3, 2000, Conference Paper.

② Page, S. E. Path Dependence [J]. Quarterly Journal of Political Science, 2006（9）：87 – 115.

③ R. 科斯, A. 阿尔钦, D. 诺思等. 财产权利与制度变迁——产权学派与新制度学派译文集 [C]. 上海：上海三联书店、上海人民出版社, 2005.

"制度创新或制度发展一词将被用于指（1）一种特定组织的行为变化；（2）这一组织与其环境之间的互动关系的变化；（3）在一种组织的环境中影响支配行为与相互关系的规则的变化。"[①] 拉坦显然将组织包括在制度概念里面。青木昌彦（1998）[②] 在第二届新制度经济学国际协会（ISNIE）的年会上提交的一篇论文——《沿着均衡点演进的制度变迁》中，构建了一个制度演进的模型，他指出，制度变迁就是制度内生变量（行为主体）博弈的过程。制度演进的机制，如图1-1所示。

旧制度的持续		主观博弈模型的反馈与重新界定		新制度的演进
（S）由现存的活性集合所限制的选择	→	（A）预期与收益之间的差异→在具体的情况下寻找新主观博弈模型→新活性选择集合的重新定义	→	（S）新型的战略选择
⇑⇓		⇑		⇑⇓
（C）旧的制度		（C）环境的变化（技术变迁、外在冲击以及在相关领域内的互补制度的变迁）		（E）新制度

图1-1　制度演进的机制

诺思（1981[③]，1990[④]）在经济史的研究框架中提出，制度变迁受四种形式的报酬递增制约：（1）制度重新创制成本；（2）与现存的制度结构和网络外部性以及其相关的学习效应；（3）通过合约与其他组织和政治团体在交互活动中的协调效应；（4）以制度为基础增加的签约从而减少了不确定性的适应性预期。他认为，经济史中的路径依赖与发展差距有关：由于所有国家不是均衡发展的，一般来说，那些欠发达国家很难赶上发达国家，因而历史是路径依赖的。针对转型国家的经济发展，他提出路径依赖就是制度结构使各种选择定型（shaping），并被锁定在某一制度路径的事实。

---

① R. 科斯，A. 阿尔钦，D. 诺思等. 财产权利与制度变迁——产权学派与新制度学派译文集 [C]. 上海：上海三联书店、上海人民出版社，2005：329.

② 科斯，诺思，威廉姆森等. 制度、契约与组织——从新制度经济学角度的透视 [M]. 北京：经济科学出版社，2005.

③ 道格拉斯·C. 诺思. 经济史上的结构和变革 [M]. 北京：商务印书馆，2005.

④ 道格拉斯·C. 诺思. 制度、制度变迁与经济绩效 [M]. 上海：上海三联书店，1994.

戴维斯（1994①，2000②）将路径依赖看作广泛存在于生物进化和社会历史进程中不可逆的动态过程，它是一个非各态历经（non-ergodicity）的随机过程，我们可以将其称为"演化"。他以熊猫无用的大拇指为例指出，制度变迁和生物进化一样，并不总是如亚当·斯密所说的那样有一只"看不见的手"引导制度向经济效率方向演进，制度变迁过程中的路径依赖有可能形成有效率的制度，也可能相反。而现代经济学本身也由于知识的沉淀成本、学习能力和网络效应导致锁定在新古典的范式上，与历史无关的主流经济学并不是唯一一种解释现实世界的社会科学手段。进化的可能性并不是唯一的、具有目的性的，而是随机的、具有多种可能性的，进化生物学才是经济学的麦加。

艾宾浩斯（Ebbinghaus，2005）③ 在研究福利国家改革时特别强调了制度自我强化机制（self-reinforcing mechanisms）导致路径依赖的重要性，进而提出了两种路径依赖的模型。他在文章的最后对两种路径依赖的模型进行了总结：路径依赖概念至少对两种制度研究具有重要意义，一是基于网络效应的制度微观扩散过程；二是形成后续政治决策定型的宏观层面的制度安排。第一种模型是基于重复决策，由于沉没成本、协调效果、认知模式和既得利益而相互加强。这里他以提前退休政策为例表明，这些过程可能会导致意想不到的后果，从而该项政策成为制度变革的壁垒。第二种模型是指相对限制条件下的扩散过程导致制度的持久性，也就是说，如果没有外部干预，现有制度将是持久的。这可以解释制度的涌现和变革，但却忽视了行为主体的能动性，排除了基于内生动力的制度变迁的可能性。

学界对路径依赖的研究虽有诸多分歧，但至少形成了以下几点共识，马奥尼（Mahoney，2000）④ 对这些共识进行了概括。路径依赖有"主动"和"被动"之分，"主动"是指报酬递增导致福利增加，因而制度（技术）被继续采用，随着时间的推移和在自增强机制的作用下变得越来越难转换模式或选择以前可用的选项，即使这些替代选项会更有效率。因此，路径依赖是一个因果关

①　Davis, P. A. Why Are Institutions the "Carriers of History"? Path Dependence and the Evolution of Conventions, Organizations and Institutions [J]. Structural Change and Economic Dynamics, 1994, 5 (2): 205 – 220.

②　Davis, P. A. Path Dependence, Its Critics and the Quest for Historical Economics, 2000. Working Paper.

③　Ebbinghaus, B. Can Path Dependence Explain Institutional Change? Two Approaches Applied to Welfare State Reform, 2005. MPIFG Discussion Paper.

④　Mahoney, J. Path Dependence in Historical Sociology [J]. Theory and Society, 2000, 29 (4): 507 – 548.

系的过程，该过程对于初始事件高度敏感；被动是指在一个路径依赖序列中，早期的历史事件是偶发的，因果链条是暂时的，它的发生无法由先前发生的事件来解释；一旦偶发事件发生，路径依赖的次序就会呈现出"固有的顺序性的过程"，一种决定性的因果模式，我们也可以称之为"惯性"。路径依赖的概念往往与报酬递增、自增强机制、沉淀成本、认知模式和利益集团等概念联系在一起。

四、超越锁定与路径创造

路径依赖理论往往强调随机的、无意识的过程，这就忽视了技术变迁和制度变迁中行为主体的能动作用。加鲁德和卡诺（Garud & Karnoe, 2001[①]；2010[②]）认为，路径依赖理论以"局外人"的视角看待创新是片面的，"历史是重要的"这一观点无可辩驳，但把历史重要仅仅等同于偶发事件影响现在的一个随机过程显然是不恰当的，这不得不说是路径依赖理论的一个缺陷，为了弥补这个缺陷，卡诺提出了替代性的"路径创造"（path creation）这一概念。路径创造理论将行为主体"有意识的偏离"作为核心概念，这与路径依赖强调偶发事件对技术变迁与制度变迁的影响有本质区别，路径创造强调行为主体策略的、深思熟虑的有意识行动，指出了技术变迁与制度变迁的内在动力问题。帕姆（Pham, 2006）[③] 以"Post-It Notes"和"YouTube"为例提出了路径创造的五个原则：（1）技术决定原则；（2）有意识的偏离原则；（3）实时影响原则；（4）相互依存共识原则；（5）最小位错原则。他认为，路径创造理论可以追溯到马克思、凡勃仑、熊彼特等经济学家，路径创造提醒我们人类制度对于经济过程的意义，我们应该重视路径创造。

梅耶（Meyer, 2007）[④] 将路径依赖和路径创造集成到一个通用的理解路径过程框架中，提出了"路径构造"（path constitution）的概念。他认为，技

---

① Garud, Karnoe. Path Creation as a Process of Mindful Deviation. In R. Garud and P. Karnøe（eds.）. Path Dependence and Creation, Lawrence Earlbaum Associates, 2001.

② Garud, Karnoe. Path Dependence or Path Creation? [J]. Journal of Management Studies, 2010, 47（4）: 234 –251.

③ Pham, X. Five Principles of Path Creation [J]. Oeconomicus, Volume Ⅷ, 2006 –2007: 5 –17.

④ Meyer, U. Integrating Path Dependency and Path Creation in a General Understanding of Path Constitution [J]. Science, Technology and Innovation Studies, 2007（3）: 23 –44.

术路径随着时间的流逝，与特定的社会和物质存在交互关系。一方面，这些社会/物质安排会涌现、持续和溶解；另一方面他们也可能会创造、扩展和毁灭。因此，第一，技术路径不是按照一个特定的模式发展的（不同于路径依赖和路径创造），它是协同作用的结果；第二，随着时间的推移，技术路径会呈现不同的发展模式，这就能解释突然进化和有意识的创造了。路径构造超越了单纯依靠报酬递增和自增强机制来解释路径过程的路径依赖理论，对制度变迁和技术变迁的动力机制提供了一种可能的方向。博世玛（Boschma，2007）① 尝试将路径创造和路径依赖理论运用于城市与区域发展，他对路径依赖模型提出了批评，并指出了进化在区域发展和路径创造中的重要作用。

马丁（Martin，2009）② 认为，路径依赖理论的核心概念"锁定"本身存在思维定式的问题。他只强调连续性而不是改变。他在回顾了历史社会学和政治学最新发展的基础上，强调将渐进的进化而非连续性应用于解释制度变迁中的路径依赖现象。他指出，"锁定"概念更多的是静止的，而不是进化，因而用"锁定"来解释动态的经济过程显然并不合适。我们虽然没必要完全抛弃"锁定"的概念，但这是反思路径依赖理论的一个很好的理由，路径依赖理论应该更多地关注进化而不是惯性或连续性。

路径依赖理论自诞生之日起，一直受到学界的关注，特别受经济学、政治学和历史社会学领域学者的欢迎。它的核心思想强调历史重要和对初始条件的高度敏感，这也成为运用路径依赖理论分析经济社会变迁的重要准则，这一传统延续至今。阿西莫格鲁和罗宾逊（Acemoglu & Robinson，2012）③ 最新著作试图回答"人类社会为什么有的繁荣昌盛，有的却停滞衰落，繁荣与贫穷的根源是什么？"这样一个宏大的问题。为了解释国富国穷，作者提出了"包容性制度"（inclusive institutions）和"攫取型制度"（extractive institutions）的概念，认为包容性制度下经济能进入持续增长的正反馈回路，而攫取型制度下经济增长将停滞并进入恶性循环。阿西莫格鲁和罗宾逊还构建了一个制度变迁的理论，认为社会冲突无处不在，国家与国家之间微小但显著的差异导致不同的

① Boschma, R. Path Creation, Path Dependence and Regional Development. J. Simmie and J. Carpenter (eds.). Path Dependence and the Evolution of City Regional Economies, Working Paper Series, No. 197, Oxford: Oxford Brookes University, 2007: 40－55.

② Martin, R. Rethinking Regional Path Dependence Beyond Lock-in to Evolution [J]. The 2009 Roepke Lecture in Economic Geography.

③ Daron. Acemoglu, James A. Robinson. Why Nations Fail: The Origins of Power, Prosperity and Poverty [M]. New York: Crown Publishers, 2012.

制度漂移（drift），这些小的差异性在某个关键的转折点（critical juncture）导致不同国家的制度分野，这些关键转折点不都是历史确定的，部分是偶然的（随机的）。这一解释与前文阐述的路径依赖理论一脉相承，但阿西莫格鲁和罗宾逊同样忽视了行为主体的主观能动性，而赖纳特（Reinert，2005）[①] 在回答国富国穷这一宏大命题时指出，穷国之所以穷，不是因为输在了起跑线上，而是因为国家没有及时干预，从而国内缺乏报酬递增产业造成的，这实际上强调了政府在打破路径锁定上的主观能动性的重要性，实际上涉及了路径创造的内生动力机制问题。

　　路径依赖理论在阐释技术变迁与制度变迁时突破了主流经济学静态和线性假设的局限性，引入报酬递增、网络效应、自增强机制以及沉淀成本等概念，能够较好地解释真实世界的经济变迁过程，但也存在一定的缺陷。经典的路径依赖理论虽然也承认路径改变的可能性，但主要将改变归因于外力的冲击，这就否定了经济系统中行为主体的主观能动性和创造力，而路径创造理论的提出弥补了这一缺陷，但改变路径的内生动力机制问题仍需进一步深入阐释。无论是路径依赖，还是路径创造都是基于经济演化的动态过程视角提出的，这种动态的理论在解释中国的农地制度变迁和城镇化进程上无疑是适宜的。

---

① 埃里克・S. 莱纳特著，杨虎涛等译. 富国为什么富穷国为什么穷 [M]. 北京：中国人民大学出版社，2010.

第二章

中国土地制度形成及其演化路径

中华文明是世界四大古文明之一，具有几千年历史的农业文明则是中国传统文明的象征。被马克思称为"亚细亚生产方式"的小农经济在中国延续了2000多年，使中国走上了异于世界其他国家的独特的农业经济发展道路，而这一影响了中国2000多年经济发展的经济体系与制度体系，到底是何时确立的呢？其初始禀赋又是什么？本书将从多学科、多角度对中国土地制度进行历史考察，试图找出中国土地制度的初始条件及其演进过程中的依赖路径。

一、1949年以前的中国土地制度概述

（一）先秦时期的井田制

中国古代实行过井田式的土地公有制，先秦古代文献中多有记载，春秋以前的文献《周礼》有此记载，战国时期的作品如《孟子》《司马法》等都有井田制的记载。《周易·井卦》上记载"改邑不改井"，有人解释为水井的井，其实应该是井田的意思，即《周礼·小司徒》所说的"四井为邑"的井。从字源字义方面来看，也是如此，甲骨文中有些田字写成"井"字形，表明殷商时期的确有这种体制。

战国时期思想家孟子对土地制度颇有研究，在《孟子·滕文公》中有关井田的记载有如下几处：

请野九一而助，国中什一使自赋。卿以下必有圭田，圭田五十亩，余夫二十五亩。死徙无出乡，乡田同井，出入相友，守望相助，疾病相扶持，则百姓亲睦，方里而井，井九百亩，其中为公田，八家皆私百亩，同养公田。

夏后氏五十而贡，殷人七十而助，周人百亩而彻，其实皆什一也。彻者，彻也；助者，藉也。

诗云："雨我公田，遂及我私。"惟助为有公田由此观之，虽周亦助也。[1]

这表明，孟子希望糅合助法、彻法，再加上圭田的规定，及对余夫的处理，形成一个新的土地公有授田制度。虽然因为史料的原因，论述比较简单，但是这个时期时间跨度较大，孟子在论述土地制度时特别强调了"演变"这个观念。孟子曾提出发生"演变"的第一点就是公有土地授田额是随着农民耕作能力的提高而逐渐提高的。50亩、70亩、100亩就是这种演变的过程。

助法和彻法是上古井田制两种不同的公有土地授配方法。前者有公田，后者无公田。前者以八家农户为一单位，集体配授土地，后者以每一农户为一单元，个别配授土地。但很多史学家往往不能把两种制度区分开来，经常将其描写成一种土地制度。事实上，助法和彻法的土地规划方式也是不同的。根据《司马法》，井田的划分是：

六尺为步，步百为亩，亩百为夫，夫三为屋，屋三为井。[2]

《周礼·小司徒》说：

九夫为井，四井为邑，四邑为丘。[3]

《韩诗外传》谓：

方里为井，广三百步，长三百步。[4]

---

① 引自《孟子·滕文公》。
② 引自《司马法》。
③ 引自《周礼·小司徒》。
④ 引自《韩诗外传》。

井田制是三三制加上四四制的规划原则。彻法因为不受"井"字形的约束，以百亩为一单位，故采用自然的十进位制。《周礼·遂人》篇记载：

> 十夫有沟，沟上有畛。百夫有洫，洫上有涂。千夫有浍，浍上有道。万夫有川，川上有路，以达于畿。[①]

这种土地规划就是所谓的阡陌制度。其典型的规划方法是以南北横宽百步乘东西纵长一步为一亩。如果东西纵量一百步，就是一陌，也就是一百亩地。如果南北再横量一千步，便是陌的十倍，即得千亩，称为阡。所以阡陌制的土地规划是助法演变为彻法之后的产物。至于助法是在何时演变为彻法，则很难考证了。连孟子也不敢肯定，他在回顾上古土地制度时，先是说商助周彻，但后来又发现"虽周亦助也"。大概来说，西周初年还是实行助法的井田制。有学者认为大约到了周宣王才首创彻法，因为有"宣王即位，不藉千亩"的说法。

助法一旦改为彻法，土地制度演变过程就加速了。其一，没有了八家公耕的公田作为公有土地的象征，实现了土地所有权的单一化，使之更加清楚明晰。其二，在彻法下以家为授田单位，也没有易居换田的必要，每人可能终身只授一次田，长期在这块土地上耕作。这样其实就很接近私有财产制度了。彻法的不断改进为以后赋税制度的形成奠定了基础。

孟子试图恢复古制，设计了一套混合土地制度：助法行于野，彻法行于国中，一并恢复。可惜大势所趋，这种古制最终逃不掉退出历史舞台的命运。秦商鞅变法，改革土地制度，使土地私有得以合法化，从此土地可以公开买卖，土地私有制逐步建立。

（二）秦汉时期土地私有制的确立

在战国时期由于彻法制度的演进，很多公有地在授出之后实际上已经变成私有土地，只是法律上没有规定而已。到了秦孝公，商鞅变法，废井田，开阡陌，私有土地合法化，私人正式取得政府认可的土地所有权。从此以后，土地私有制就成为中国历史上最主要的土地所有权制度。虽然各个朝代也有各种形

---

① 引自《周礼·遂人》。

式的公有土地，但数量远远少于私有土地。在 485～780 年近三百年的时间内，因为实行均田法，使私有土地为主的制度发生了变化，私有土地范围大幅缩小。到了唐朝中叶，全国范围内又恢复了以私有土地为主流的制度。

土地私有产权，原则上应该包括自由使用权、自由买卖以及遗赠的权利。不过有的朝代对于上述产权的行使曾多少设有一些限制。土地买卖，自秦汉开始已经是公开而合法的，但是还是有学者不承认这个时期有土地私有制。两汉的史料中提及土地买卖的事情很多，例如：

《史记》卷五三，《萧相国世家》："相国强贱买民田宅"；卷一一七，《司马相如传》："买田宅，为富人"；卷一二二，《酷吏列传》："宁成者……乃赍贷买陂田千余顷"。

《汉书》卷五八，《卜式传》："式入山牧十一年，羊致千余头，买田宅"；卷六八，《霍光传》："去病大为中儒买田宅奴婢而去"；卷七二，《贡禹传》："丞卖田百亩，以贡车马"；卷八一，《张禹传》："及富贵多买田，至四百顷"。

《后汉书》卷一四，《马防传》："皆买京师膏腴美天"；卷一八，《吴汉传》："妻子在后买田业"；卷五二，《崔寔传》："鬻卖田宅，起冢茔立碑颂"。[①]

土地所有者将田产遗赠，也是从秦汉开始就有记载，《史记·白起王翦列传》曾记载王翦向秦始皇要求：

请田宅为子孙业。

《汉书·卜式传》说：

以田畜为事，有少弟壮，式脱身出，独取畜羊百余，田宅财物尽予弟。

这就是自由转移产权的例子。以后各个朝代留传下来的私家析产书阄书等文件颇多，充分证明了田产遗赠权的存在。

土地买卖或转移时，双方立有契约，以证明产权的转让与归属，这也是自汉代以来的惯例。目前发现的汉代地券有以下数项[②]：

① 赵冈，陈钟毅. 中国土地制度史 [M]. 北京：新星出版社，2006：16.
② 仁井田陞：《中国法制史研究》，第二卷，《土地法》，东京大学出版社 1960 年版。《文物》，1972 年第五期，1980 年第六期。

建元元年（前 140 年），武阳王兴圭买田铅券。

建元三年（前 138 年），宏光等人买地砖券。

地节二年（前 68 年），巴州杨姓买山刻石。

⋮

光和七年（184 年），樊利家买地铅券。

中平五年（188 年），房桃枝买地铅券。

建安三年（198 年），崔坊买地铅券。

这些契券表示汉朝的法律和习惯已经十分重视私有土地产权。当土地转让时双方都要订立契约，标明土地的方位和价格。这说明汉朝时期土地买卖已经相当普遍，各项有关私有土地产权的制度已经比较完善。秦汉时期，土地制度在不断演进过程中最终确立了土地私有产权制度，这一土地所有权制度一直影响中国土地制度近两千年。

（三）　汉至明清的土地制度变迁

从西汉初年至清朝末期，时间跨度长达两千年。在如此漫长的历史进程中，中国出现了限田制、屯田制、占田制、均田制等多种土地制度，这些土地制度安排并没有脱离土地私有制度的大框架（除了前篇提到的在 485～780 年间实施均田法的时期）。换句话说，中国的土地制度安排是在土地私有产权制度的框架内变迁，因此，笔者认为，中国的土地制度环境是相对稳定的。

西汉是中国土地私有制度建立的初期，因此，对土地私有制的评价相对保守，对地权分配不均的事较为敏感。后来汉哀帝实施限田政策，不过上线定得过高，因此没有实际意义。在王莽政权时期曾一度恢复土地国有制，然后平均分配给农民，但是当时政府手中的国有土地有限，而强令将土地收归国有，当然会引起强烈的反抗。结果就造成了"农商是也，食货俱废，民人至涕泣于市道"。最后王莽也不得不承认失败，重新肯定土地私有权，之后就没有人再试图实施土地国有的激烈做法，但是限田的建议还是不断有人提出。

西晋司马炎平定东吴后，订立占田法。有关占田制的史料记载不够详尽，因此学术界对历史上的这一土地制度争论极大。有关占田制的记载，主要见于《晋书·食货志》的一段简短描述：

又制户调之式，丁男之户岁输绢三匹，绵三斤，女及次丁男为户者半输。其诸边郡或三分之二，远者三分之一。夷人输賨布，户一匹，远者或一丈。男子一人占田七十亩，女子三十亩。其外丁男课田五十亩，丁女二十亩，次丁男半之，女则不课。男女年十六已上至六十为正丁，十五以下至十三，六十一已上至六十五为次丁，十二已下六十六已上为老小，不事。远夷不课田者输义米，户三斛，远者五斗，极远者输算钱，人二十八文。其官品第一至于第九，各以贵贱占田。品第一者占五十顷……第九品十顷。①

西晋的占田法与三国的屯田制及后来北朝的均田法不同。占田法并不要求土地国有化，然后平均分配给农民耕种。上面引用的这段文字并没有提到土地的还授，其他晋代的史料也未言及土地还授的事。因此，可以认定占田法基本上是肯定土地私有制的，不过在私有制下政府要平均地权，也就是采取限田的办法。在占田法中还规定了"边郡""远地""极远地"的不同待遇，从这里可以看出，占田法是在全国推行，并不是一种地区性的局部土地制度。事实上，占田法是为实施课田法而制订的一种辅助性法规，其目的在于方便政府推行新的赋税制度。占田法和课田法最终都没有得以很好的实施，到了东晋初期基本已经废弃。

北魏时期实行的均田制是中国历史上一个重要的土地制度类型，"是晋以后最重要的土地制度变革，也可以说是自秦废井田以后两千年内最重要的一次土地制度变革"②。北魏至孝文帝时已统一中国北方大部分地区，为了解决土地利用和分配的不合理问题，大臣李安世上疏孝文帝，提议清查户口，将境内土地收归国有，按劳动力多寡分配给农民。于是孝文帝在太和九年（485年）下诏实行"均田法"。现摘录如下：

诸男夫十五以上受露田四十亩，妇人二十亩，奴婢依良；丁牛一头受田三十亩，限四牛。所受之田率倍之，三易之田再倍之……

诸宰民之官，各随地给公田，刺史十五顷，太守十顷，治中、别驾各八顷，县令、郡丞六顷，更代相付，卖者坐如律。③

---

① 引自《晋书·食货志》。
② 赵冈，陈钟毅. 中国土地制度史［M］. 北京：新星出版社，2006：26.
③ 引自《魏书·食货志》。

这是中国历史上少见的一篇详尽的土地制度立法，从摘录的内容里我们可以得出几点结论。首先，均田法的首要目的是使耕地得到合理的配置，不至于留下大片荒田，也不能让土地过分集中。其次，均田制的基础是土地国有化。北魏政府把因长期战乱而遗留下来的无主荒地、产权不确定的土地以及有主的私有土地一概收归国有。不过均田法也没有完全放弃土地私有制，还是制订了类似限田制的相关法令，人们可以通过土地买卖来维持法令所限定的私有土地数量。均田法的基本原则是地尽其用，因此男女的授田额是不同的。

在均田法实施的三百年中，其弊端日益暴露，它本身也在不断变质，最终瓦解。导致均田制崩溃的一个重要原因是当时国内的耕地面积赶不上人口的增长。从唐朝初年，唐高宗永徽三年（652年）到天宝十三年（754年）的一百多年间，全国户数从380万户增加到900多万户。[①] 尽管统计数据不够精确，但是人口增加的趋势是不可否认的。到了唐朝中叶中央政府和各地节度使都极力扩张屯田和营田，同时还设立了很多属于中央政府或皇室的官庄。官庄与中央政府经营的民屯及营田性质接近，但也有许多区别。官庄召民耕种没有强制性；官庄生产多样化，除生产粮食谷物，还有其他物品；而且官庄是纯经济性的。官田的经济效果因管理好坏而不同。五代时期的周太祖就很了解国家直接经营农业生产的弊病：

> 帝在民间，素知营田之弊，至是以天下系官庄田仅万计，悉以分赐见佃户充永业，是岁出户三万余。百姓既得为己业，比户欣然，于是葺屋植树，敢致功力。[②]

可以看出，将官田分配给农民之后生产效率大大提高了，这也充分证明了私有土地制度对农业耕作者具有很强的激励作用，换句话说，私有土地产权制度安排是有效率的。

北宋建国后为了抵御北方的契丹，设立屯田制，专门由屯田史掌管（赵冈、陈钟毅，1981）。而且宋朝时期一直采取"不抑兼并"方针，因此土地越来越集中，当时占全国6%～7%的地主，拥有全国70%～80%的土地（乌廷玉，1992）。

---

① 李剑农. 魏晋南北朝隋唐经济史稿 [M]. 北京：中华书局，1963：243.
② 引自《旧五代史·周太祖纪》。

屯田即是官田，因此赵冈认为宋朝时官田的比例是上升的，也即国有土地占比增加了。但是岳琛（1990）认为，宋朝推行的"不立田制""不抑兼并"政策使大土地私有制得到迅猛发展。显然，二者的观点是相悖的，而乌廷玉（1992）的研究似乎可以解释这个疑惑。乌廷玉在其著作《中国租佃关系通史》中引用了下面两段文字：

《欧阳文忠集》卷五十九《原弊》记载：

> 今大率一户之田及百顷者，养客数十家；其间用主牛而出己力者，用己牛而事主田以分利者，不过十余户，其余皆出产租而侨居者，曰浮客。

《宋会要辑稿》中《食货》（二）《营田杂录》绍兴三年条记载：

> 太尉武成感德军节度使充江南东西路宣抚使韩世忠言："今相度欲先将建康府管下根括到近城荒田，除户绝田一面措置耕种外，其有主而无力开垦者，散出文榜，限六十日许人户自陈顷田，着实四至。如情愿将地段权与官中合种，所用人户牛具种粮，并从官给。……庶几不致荒闲田亩，军民两有所济。"①

上面两段文字，第一段是描述大土地所有制的，而第二段显然是描写政府进行屯田，把土地收归国有。很明显，岳琛将土地集中与土地国有制搞混淆了。笔者还是比较认同赵冈的观点，在宋朝土地国有得到了加强，特别是南宋时期，官田面积空前扩张。

明代在前朝的基础上官田面积又有所扩大。据《明史·食货志》载，弘治十五年时，官田占全国土田1/7。这个数远远超过宋朝时的官田比例。按这一年全国所有土田数422万顷计算，官田共有60万顷。这个数已经比明初时大为减少。明朝洪武年间仅军屯的总面积就有893000余顷②。到了明朝中后期，这种官田减少的趋势更为明显。明朝万历六年（1578年）7.842亿亩耕地中，民田为7.014亿亩，官田为0.8282亿亩，官田占全国耕地总面积的11%；到了清代顺治十八年全国耕地面积为5.5亿亩，其中民田为5.243亿亩，官田

---

① 乌廷玉. 中国租佃关系通史［M］. 长春：吉林文史出版社，1992：45－46.
② 引自《明史·食货志》。

是 0.257 亿亩，官田约占全国耕地总面积的 4.6%。① 清朝中后期延续了这种国有土地比例减少的趋势，因此土地私有制度是当时的主流。

（四）明清永佃制的产生和发展

永佃制是中国土地制度演进过程中出现的非常重要的一种产权制度安排（租佃制度）。永佃制中农民的永佃权通常称之为"田面"或"田皮"，即农民所取得的是土地的长期使用权，在这样的产权制度安排下，地主相对于土地只有所有权，即"田底"或"田骨"权，他们只是有权收地租，不准任意撤佃。

乌廷玉（1992）认为，永佃制萌芽于南宋，在元朝又进一步得到发展。到了明朝，很多地方都出现了永佃制。永佃制的产生缘于佃农在耕种土地时投入的大量成本，取得永佃权是佃农应得的报酬。另外，定额租的出现从一定程度上也影响了永佃制的发展，到了清中叶，特别是江南地区，永佃制已相当发达。赵冈（1981）总结了永佃制度产生的几个原因：第一，主客双方为提高租佃制的稳定性而签订长期租佃契约；第二，明朝诡寄田产及投献行为②的产生；第三，世仆或庄仆制③的出现；第四，业主对本来贫瘠的土地大力改造，形成沉没成本；第五，押租制的出现。

一旦永佃制成了惯例，地主就把土地的产权分割为两部分，然后将永佃权卖给佃户。因此，在永佃制下土地的所有权与使用权是分离的，这种土地产权分割的现象是中国租佃制度的特色之一。永佃制下由于土地合约的长期稳定性，可以提高佃农的生产积极性，促使其增加对土地的投入，改善生产条件，从而可以促进农业绩效的提高。在中国传统社会当中，永佃制是比较先进的一种土地产权制度安排。在永佃制下佃农已经享有一半的土地产权，实际上佃户已经是"半个自耕农"④。永佃制还限制了地主的权力，地主拥有的土地产权已不完整，他们对佃农的控制力也相应减弱了。永佃制的出现大大提高了农业的生产效率，这一点是之前分益租制无法比拟的，实际上这对中国当代农地制

---

① 岳琛. 中国土地制度史［M］. 北京：中国国际广播出版社，1990：183.
② 所谓"诡寄"是田主虚假的将土地产权转让给管户，以求庇护；"投献"是真正把田产转让给管户.
③ "庄仆制"是一种长期契约关系，客方卖身为仆，主方提供土地给客方佃耕，双方的权利与义务是世袭的.
④ 赵冈，陈钟毅. 中国土地制度史［M］. 北京：新星出版社，2006：307.

度创新具有借鉴意义。

（五） 民国时期的土地所有制结构

中国近代土地产权结构基本上延续了原有的土地制度安排，仍然以土地私有制度为主，没有发生根本性变化。辛亥革命虽然推翻了清王朝的统治，但是在土地制度安排上仍然保留了土地私有制度。据 1927 年《中国国民党中央执行委员会农民部土地委员会报告》（以下简称"土地委员会"）记载，当时占全国总人口 14% 的地主，占有 62% 的土地；占 18% 的富农，占有 19% 的土地；占 24% 的中农，占有 13% 的土地；占 44% 的贫农，仅占 6% 的土地。[1] 再结合毛泽东（1931）和陶直夫的调查，在 20 世纪 30 年代全国土地占有的情况，如表 2 - 1 所示。

表 2 - 1　　　　　　　　　20 世纪 30 年代全国土地占有情况

类型	户数（千户）	百分比（%）	所有土地面积（百万亩）	百分比（%）
地主	2400	4	700	50
富农	3600	6	252	18
中农	12000	20	210	15
贫农及雇农	42000	70	238	17
合计	60000	100	1400	100

资料来源：岳琛主编. 中国土地制度史 [M]. 北京：中国国际广播出版社，1990：213.

从表 2 - 1 中我们可以清楚地看到，全国绝大部分土地都掌握在地主和富农的手中。

在 20 世纪 30 年代，政府、学者以及日本满铁的调查人员都曾经进行过农村调查，对于佃耕地占总耕地面积的比例和佃农占农户的比例，都有数字统计。金陵大学卜凯（Buck，1941）在《中国土地利用》一书中提出，全国耕地 71.3% 是自耕，只有 28.7% 是出租。"土地委员会"的《全国土地调查报

---

[1]　岳琛. 中国土地制度史 [M]. 北京：中国国际广播出版社，1990：213.

告纲要》的调查数据显示，30.7%的耕地是出租。① 两者的数据十分接近，如表 2－2 所示。

表 2－2　　　　20 世纪 30 年代全国租佃耕地占耕地总面积百分比　　　　单位：%

地区	金陵大学调查结果	土地委员会调查结果
河北	9.8	12.9
山东	9.8	12.6
河南	19.7	27.3
山西	15.8	
陕西	17.4	16.6
甘肃	9.1	
江苏	33.3	42.3
安徽	51	52.4
江西	51.4	45.1
湖北	31.2	27.9
湖南	36.9	47.8
四川	52.4	
浙江	31	51.3
福建	55.7	39.3
广东	59.6	77
广西	26	21.2
云南	27.6	
贵州	25.8	
绥远	5	8.8
宁夏	0.5	
青海	9.5	
全国平均	28.7	30.7

资料来源：赵冈，陈钟毅.中国土地制度史［M］.北京：新星出版社，2006：263.

---

① 赵冈，陈钟毅.中国土地制度史［M］.北京：新星出版社，2006：263.

卜凯的调查还涉及当时全国佃农与半自耕农占总农户的比例。在此基础上，赵冈结合当时"土地委员会""农业试验所""主计处"和满铁的调查人员的统计，进行了综合分析，如表2-3所示。

表2-3　　　　　　　　20世纪30年代全国佃农占农户总数之比　　　　单位：%

地区	中农所（1936年）	土地委员会（1936年）	主计处（1920年）
察哈尔	31	8.3	27
绥远	31	17.2	20
宁夏	20		
青海	22		
甘肃	18		
陕西	18	10.5	29
山西	16	1.9	13
河北	10	5.4	13
山东	10	4.6	9
江苏	30	21.7	32
安徽	42	35.3	55
河南	20	7.2	22
湖北	41	14.9	51
四川	51		57
云南	36		28
贵州	45		35
湖南	50	19.4	34
江西	40	14.2	39
浙江	47	26.2	42
福建	44	14.5	69
广东	46	51.9	46
广西	38	9.3	31
全国平均	30	15.7	26

资料来源：赵冈，陈钟毅. 中国土地制度史 [M]. 北京：新星出版社，2006：264-265.

表2-3中三个机构的统计数据颇有差异,大概是统计口径不够统一的缘故。而满铁的调查是小样本调查,调查人员都实地访问过调查区,调查的口径与定义也是统一的,因此具有比较高的可靠性,如表2-4所示。

表2-4	日本满铁对中国佃农的调查	单位: %
年份	地区	佃农百分比
1938	华北	5
1933	河北定县	4.6
1933	河北望都	1.9
1933	河北平山	0
1933	河北易县	1.2
1942	山东临清	6.5
1939	江苏常熟	55
1941	江苏南通	43
1936	河南三县	25
1936	湖北三县	46
1936	安徽五县	65
1936	江西三县	47
1939	山东泰安	5.5
1935	河北蓟县	7.8
1936	河北十六县	20.6
1939	河北丰润	29.6
1939	河北获鹿	11.2
1939	山东惠民	5.8
1940	河南彰德	43

资料来源: 赵冈,陈钟毅. 中国土地制度史 [M]. 北京: 新星出版社, 2006: 265.

满铁的调查虽然样本不够全面,但在一定程度上还是能够比较客观地反映当时农村的租佃状况。总体而言,民国时期的自耕农比例可能高于明清时期(赵冈、陈钟毅,1981),这与前述岳琛的统计有所出入,笔者更倾向于赵冈的观点，即民国时期自耕农的比例是有所提高的。民国时期是中国农村经济结构剧烈变革的时期，宗族关系有所弱化，地主对佃农的控制也相应减弱，因此自耕农的比例上升是有可能的。

二、中华人民共和国成立至改革开放前的农地制度

从中华人民共和国成立到改革开放前历时 30 年。在这期间我国的土地制度发生过两次大的变迁，而这两次土地制度变迁从性质来说都属于强制性变迁。第一次是 1949 ~ 1952 年的土地改革；第二次是 1952 ~ 1978 年，先合作化，进而人民公社化。两个阶段的土地制度安排存在明显的区别。两次土地制度变迁的制度供给者都是政府，两次制度的安排都是为了提高农业经济绩效。第一次制度变迁的结果是将土地的地主所有制变成了农民的小土地私有制；第二次制度变迁的结果则是将土地的农民所有变成了集体所有。笔者认为，两次土地制度变迁分别从个人和集体方面形成了明确的土地产权制度，最大限度地将外部性内在化，提高了农民的生产积极性，应该说是一项有效率的制度安排。

（一）土地改革时期的农地所有制

土地改革之前，中国农村以地主土地所有制为主体，其基本特点是土地的所有权和使用权分离，即地主拥有所有权，佃农拥有经营权，而且地租额度非常高。这种土地制度安排对佃农缺乏激励，农业绩效十分低下，不利于生产力的发展。中国共产党在 1947 年 7 ~ 9 月召开的"全国土地会议"上制定的《中国土地法大纲》（下称《大纲》）对解放区的土地改革具有重要历史意义。《大纲》对解放区农村土地产权制度作了重新安排，规定"废除一切地主的土地所有权"，对土地进行了统一平均分配。除此之外，《大纲》还就土地的使用权、收益权作了更为明确的规定："分配给人民的土地，由政府发给土地所有证，并承认其自由经营、买卖及在特定条件下的出租权力。"土改给农民提供了比较完整的土地产权，使千百年来中国农民"耕者有其田"的梦想变成了现实。

中华人民共和国成立后，1950 年 6 月 30 日，中央颁布《中华人民共和国

土地改革法》（下称《土改法》）。《土改法》以法律的形式明确提出"废除地主阶级封建剥削的土地所有制，实行农民的土地所有制，借以解放农村生产力，发展农业生产，为新中国工业化开辟道路"。《土改法》还提出了保护富农经济的政策，此外，还规定，"分配土地时，县以上人民政府根据当地土地情况，酌量划出一部分土地收归国有，作为一县或数县范围内的农事试验场或国营示范农场之用"。这样，农场土地产权形式有了变化，不完全是农民所有，同时有一部分农场土地被收归国有。总之，土改时期土地产权制度的基本格局是除一部分国有土地外，主要实行农民土地所有制，农民所拥有的土地产权是完整而统一的。到 1952 年底，除了西藏等少数地区外土地改革已基本完成，在中国大地上终于确立了"耕者有其田"的农民土地所有制。

（二）农业合作社与农地制度变迁

土地改革完成后，我国农村建立的农民土地所有制实际上就是一种农民小土地私有制。为了"克服很多农民在分散经营中所发生的困难，要使广大贫困的农民能够迅速地增加生产而走上丰衣足食的道路，要使国家得到比现在多得多的商品粮食及其他工业原料，同时也就是提高农民的购买力使国家的工业品得到广大的销路，就必须提倡'组织起来'，按照自愿和互利的原则，发挥农民互助合作的积极性。这种互助合作在现在是建立在个体经济基础上（农民私有财产的基础上）的集体劳动，其发展前途就是农业集体化或社会主义。"①这就是后来我国建立农村土地集体所有制的开端。

1953 年 12 月 16 日，中共中央通过了《关于发展农业生产合作的决议》，明确提出实行土地统一经营、评工记分、按劳分配之类的做法，同时还提出了农业生产互助合作运动的三种主要形式：第一种为互助运动的初级形式，主要是临时性的、季节性的；第二种是长年的互助组，是比第一种形式更高的形式；第三种是以土地入股为特点的农业生产合作社，这是农业互助运动的高级形式，也称初级社。互助组和初级社在土地产权关系上是有显著差别的。前两种形式的互助组，农民的土地产权是统一的，土地私有的产权结构没有改变。

① 参见国家农委办公室编《农业集体化重要文件汇编》（上册），中共中央党校出版社，1981。转引自：钱忠好. 中国农村土地制度变迁和创新研究（续）［M］. 北京：社会科学文献出版社，2005：202–203.

而第三种形式（初级社），农民以土地入股参与合作社就会存在入股土地的产权界定问题。1955年11月，全国人大常委会通过的《农村生产合作社示范章程草案》对初级社的性质作出明确界定："初级合作社属于半社会主义性质，在这个阶段，合作社已有一部分公有的生产资料，在一定时期还保留社员的所有权，并且给社员适当的报酬。"在这种产权制度安排下，农民仍然拥有独立的土地所有权，但入股之后的土地实际上农民已经不再拥有其使用权和收益权，这样土地产权又一次出现了所有权和使用权分离的情况，这种形式的土地产权制度与土改之前已经有所不同了。

到1956年底，参加农业生产合作社的农户，已占全国总农户的96.3%，其中参加高级社的农户，占全国总农户的88%。[①] 根据1956年6月中共中央发布的《高级农业生产合作社示范章程》（下称《章程》）的规定，"入社的农民必须把私有土地和耕畜、大型农具等主要生产资料转为合作社集体所有""农业生产合作社应该抽出一定数量的土地分配给社员种植蔬菜。分配给每户社员的土地数量，按照每户社员的人口多少决定，每人使用的这种土地，一般不能超过当地每人平均土地数的5%"。尽管《章程》也规定"社员有退社自由"，但在当时的社会背景下，社员实质上是没有退社权的。从初级社到高级社的土地产权制度变迁是一个典型的强制性变迁过程，这种制度变迁，不但违背了自愿互利的原则，挫伤了农民的积极性，损害了农民的利益，而且将不可避免地产生不同产权主体之间的利益矛盾。

从1956年秋天开始，安徽、四川、浙江、江苏等许多地方的农村成立高级社以后，为了实现高级社内更有效率的分工，分别实行了以"包产到户"为特征的生产责任制，有的是承包到生产队下的生产小组，有的干脆直接承包到户。在当时的历史背景下，这些责任制形式都被当作"资本主义"而批评，过了不到一年时间，这些"包产到户"的最初尝试就被完全制止了。

（三）人民公社时期的中国土地制度

随着"一五"计划目标的实现，我国国民经济状况有了较大的改善，这时国家和民族处在一种极度兴奋的状态。在这种政治、经济背景下，就发生了

---

① 赵阳. 共有与私有——中国土地产权制度的经济学分析［M］. 北京：生活·读书·新知三联书店，2007：55.

"大跃进"运动和"人民公社化"运动，最终把农村合作化运动推向高潮。

1958 年上半年，中共中央发布了《中共中央关于把小型的农业合作社合并为大社的意见》，随后在全国各地掀起并社高潮。同年 8 月 29 日，中央政治局在北戴河制定并通过了《关于在农村建立人民公社问题的决议》，北戴河会议之后仅一个多月的时间，全国就基本上实现了以"一大二公""政社合一"为特征的公社化。根据 1958 年 12 月党的八届六中全会通过的《关于人民公社若干问题的决议》中显示：在短短几个月时间里，全国参加公社的农户数已达 1.2 亿多户，已经占全国各地农户总数的 99%以上。人民公社化运动不但将原来属于高级社的土地都无偿归人民公社所有，而且原来归农民所有的不超过 5%的自留地也收为人民公社集体所有。这种产权结构在短期内的激烈变革，由于没有缓冲时间，不但没有促进农业绩效的增长，反而使生产效率大幅下降。

1960 年 11 月，中共中央开始对原有制度进行调整，在《关于农村人民公社当前政策问题的紧急指示信》中提出了"三级所有，队为基础"的人民公社制度，而且还规定"允许社员经营少量的自留地和小规模的家庭副业"。1962 年 9 月党的第八届中央委员会第十次全体会议通过的《农村人民公社工作条例修正草案》，即著名的人民公社"60 条"中进一步对当时的制度进行调整。明确规定"生产队是人民公社中的基本核算单位，它实行独立核算，自负盈亏，直接组织生产，组织收益的分配。这种制度定下来以后，至少三十年不变""自留地一般占生产队耕地面积的 5%～7%，归社员家庭使用，长期不变"。这样就正式形成了人民公社"三级所有，队为基础"的体制。这次制度调整在一定程度上开始承认社员的自身利益，把收上去的自留地重新分配给农民，农民又有了属于自己的少量土地，提高了生产积极性。1966 年"文化大革命"开始以后，又把社员的自留地当作"资本主义尾巴"给割掉了，并割掉了农村的个体经济，但农村的"三级所有，队为基础"的基本体制保存了下来，这套体制一直延续到 1983 年才被彻底废除。

土地改革时期所建立农民小土地私有制真正实现了"耕者有其田"，也符合当时生产力状况和农民的意愿，因此，很大程度上激发了农民对农业生产的积极性，促进了农业绩效的提高。判断一项产权制度安排是否有效率的重要标准是，它能否给予产权主体以有效的激励，能否最大限度地将外部性内在化。按照这一标准判断，土地改革时期的农民小土地私有制无疑是一项有效率的土地制度安排。虽然这一土地制度也存在分散经营、无法实现规模经济等缺点，但这恰恰是符合当时的生产力状况和社会经济背景的。

农业合作化时期和人民公社时期建立了农村土地集体所有制，应该说当时中央决策层建立这一制度的意图是美好的，是为了解决土地分散经营的弊端，实现规模经济，但实际的效果不尽如人意。土地产权集体所有制，将农民的收益无差别平均化，这种"平均化"严重挫伤了农民在原本小土地私有制下激发的劳动积极性，社员们的"搭便车"行为非常普遍。在这样一种土地产权制度安排下，无法将外部性内在化，农业生产效率低下，对整个经济增长造成了不小的影响。单从农业经济绩效来评价这一项制度变迁，这次制度试验严格来说是失败的。

三、中国土地制度变迁依赖路径形成机理分析

现代工业文明是传统农业文明发展到高级阶段的产物，中国的传统农业历史悠久、耕作技术成熟，是世界上公认的发达农业文明之一。早在 14 世纪，欧洲还处在"黑暗时代"的时候，中国的农业发展水平、经济成就乃至科学技术都已经达到爆发工业革命和科技革命的条件。有人不禁要问："为什么中国历史上一直远远领先于其他文明？""为什么中国现在不再领先于世界？"这就是著名的"李约瑟之谜"。中国历史上土地制度历经数次变迁，但始终没有朝着现代土地产权制度的方向演进，有的学者称之为"传统内变迁"。中国传统社会由于土地产权制度安排缺乏效率，导致农业发展水平和农业绩效停滞不前，这种状况被黄宗智（1986[①]，1992[②]）称为"内卷化"（过密化）。那么究竟是哪些因素导致中国的土地制度一直锁定在这种无效率的状态，从而使农业经济无法突破传统的束缚，最终阻碍中国由传统社会向现代社会的变迁进程。本书从人口因素、继承制度及地主经济两权分离"高稳定结构"假说，分析中国土地制度变迁的路径依赖形成机理，以此来解释中国传统社会土地制度变迁的困境。

（一）人口增长对土地制度变迁的影响

我国虽然幅员辽阔，但耕地面积比例并不高，人口增加是土地分配趋向平均的一个主要原因。在很长一段时间里中国都是人少地多，但是随着人口的增加

---

① 黄宗智. 华北的小农经济与社会变迁［M］. 北京：中华书局，1986.
② 黄宗智. 长江三角洲小农家庭与乡村发展［M］. 北京：中华书局，1992.

（特别是明清时期的人口剧增），对土地的需求也不断增加，而土地从某种意义上来说是不可再生资源，供给是缺乏弹性的，因此人地关系必然趋向紧张。

中国的人口调查历史悠久，调查也尽可能全面进行。西汉末年平帝元始二年（2年）就有全国人口数字的记载，是全世界最早的国家人口统计。在之后的史书上几乎都有关于人口数字的统计，由于古代统计手段的局限性，官方的人口统计存在误差是难免的，但是不影响其研究参考的价值。除了战争和少数饥荒年代，中国历史上大部分时间人口数量比较稳定，特别是宋朝以后人口增加的趋势比较明显。从表2-5中我们可以清楚地看到中国人口的长期变动趋势。

表 2-5	中国历史上的人口变动	单位：百万人
年代	高人口数	低人口数
西汉平帝元始二年（2年）	59.6	N
东汉光武帝中远二年（57年）	N	-31
东汉和帝元兴元年（105年）	53.2	N
西晋太康元年（280年）	N	16.2
隋炀帝大业二年（606年）	46	N
唐中宗神龙元年（705年）	N	37.1
唐玄宗天宝十四年（755年）	52.9	N
北宋太祖建隆二年（961年）	N	-32
北宋徽宗大观三年（1109年）	-121	N
南宋光宗绍熙四年（1193年）（宋金合计）	-120	N
元世祖至元二十八年（1291年）	N	59.8
明太祖洪武十四年（1381年）	N	59.8
明太祖洪武二十四年（1391年）	N	60.5
明神宗万历二十年（1592年）	-200	N
清圣祖康熙元年（1662年）	N	-83
清高宗乾隆四十一年（1776年）	268.2	N
清仁宗嘉庆五年（1800年）	295.2	N
清宣宗道光二十八年（1848年）	426.7	N

资料来源：赵冈，陈钟毅. 中国土地制度史［M］. 北京：新星出版社，2006：110，116.

依据历代的耕地面积和人口数统计，可以直接计算出人口与耕地的比率，也就是人均耕地面积，如表2-6、图2-1所示。

表2-6　　　　　　　　　　　历代人口与耕地比率

耕地		人口		每人平均市亩数（市亩）
年份	校正数（百万市亩）	年份	校正数（百万市亩）	
2	506	2	59	8.57
105	535	105	53	10.09
146	506	146	47	10.76
976	255	961	32	7.96
1072	660	1109	121	5.45
1393	522	1391	60	8.7
1581	793	1592	200	3.96
1662	713	1662	83	8.59
1784	989	1776	268	3.69
1812	1025	1800	295	3.47
1887	1202	1848	426	2.82

资料来源：赵冈，陈钟毅. 中国土地制度史［M］. 北京：新星出版社，2006：110，116.

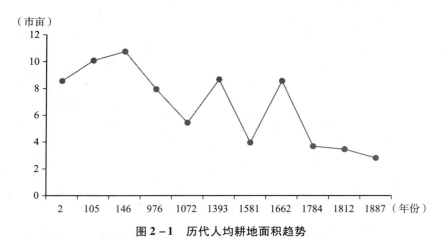

图2-1　历代人均耕地面积趋势

资料来源：根据表2-6整理得出。

从表 2-6 和图 2-1 中我们可以直观地看到，从秦汉到南北朝这一历史时期，人均耕地面积与当时农民的劳动力所能承受的面积是基本相符的，也就是说土地尚未成为制约性生产要素。这种局面维持到隋唐以后便发生转变。当时人口的增长速度超过了耕地面积增加的速度，土地逐渐变成了制约性生产要素，每户农民的可耕地十分有限。这就是土地过密化经营的开端。从图 2-1 中我们还可以看出，在北宋以前，每人平均耕地面积大概能维持在 10 市亩。从北宋开始人均耕地面积就逐渐减少。由于战争、自然灾害等原因，会造成某一时期的人口急剧下降，因此人均耕地面积也不是直线下降，而是随着人口的变动，呈循环下降趋势。

从长期历史演进来看，特别是隋唐以后，人地关系的紧张状况一直是影响土地制度变迁的一个重要因素。这也是形成中国土地制度变迁的依赖路径的初始禀赋之一，正是这一初始条件，最终使中国的农业经营掉入过密化的怪圈，一直影响到当代农业的发展。

（二）继承制度对土地制度变迁的影响

先秦时期继承制相对单一，无论爵位还是财产，以长子继承制为主。当时土地是公有（王有）的，所以不能私自转让，也就没有继承的问题。中国的土地私有制始于春秋战国时期，秦朝时正式承认这项制度，随之建立了土地登记制度，于是田产的继承制度也就随之产生。《史记》中有王翦向秦始皇"请田宅为子孙业"的记载，这是史料可查的中国田产继承制的最早记载。在此后的两千多年中逐步形成了继承制尤其是土地方面的一些基本原则：诸子平分，不分嫡庶，女儿无继承权。

中国的继承法从秦朝的"商鞅变法"、唐朝的《唐律疏仪》、宋朝的《宋刑统》到清代的《大清律例》的演变，最终确立了以"一次析产"[①]"诸子均分"为原则的继承制度。这种继承制度对农业经济有着深远的影响。

第一，这是中国农村过密型（内卷化）生产模式形成的内生因素。基于"诸子均分"原则，每个家庭的男子就算已经成年，但在析产分家之前是绝不会离家外出自谋生路的，因为每个人对析产已有预期。根据史料分析，传统中

---

① 指财产共有人通过协议的方式，根据一定的标准，将共同财产予以一次性分割，而分属各共有人所有。

国农村家庭劳动力过剩并不罕见，但家庭的田产有限，将来分家析产，每个人只能得到少量土地，但谁也不肯放弃，另谋出路，因为兄弟们有同等的继承权。因此，到了明清时期，由于人口剧增，过密型生产方式在农村十分普遍。在人稀地广的国家，劳动力相对稀缺，但是在中国传统农村，劳动力在分家析产之前多数情况是过剩的。两百年前的古典经济学家李嘉图早已清楚论证在技术条件既定的情况下，土地的边际产出是递减的，而诸子均分的继承制把兄弟们拴在一块土地上，大家共同劳作，直到边际产量为零为止，这就是如图 2-2 所示的过密化模型。

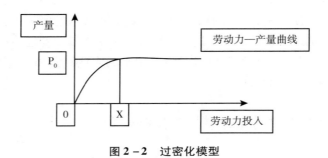

图 2-2　过密化模型

第二，中国的诸子继承制度，特别强调平均分配的原则。分配家产时十分强调公平，如果一个家庭有三块地，肥力各不相同，假设由五兄弟均分，那么一定是把三块地的每一块都分割成五等份，每人各得三块肥力不等的土地。因此，中国传统农村土地越来越零细化就不难解释了，这也是土地规模经营的最大阻碍。

第三，诸子均分的继承制度对于生育行为也是有深远影响的，这也间接影响到土地产权的分配。

（三）两权分离"高稳定结构"假说

"一田二主"的起源是农户以土地为抵押进行贷款，基本性质是借贷关系。典卖后原主尽量保留土地的使用权，如此演变下去就使得田骨（所有权）、田面（使用权）彻底分离为两个独立的产权。由其他起源发展出来的永佃制，最后也采取了同一模式，殊途同归。发展的结果就是这种借贷关系越来越明显，田骨变成了农村的金融工具。

永佃制在明清之际甚为普遍，这是中国土地产权制度变迁过程中的重要篇章，这一制度对中国现行农地制度具有深远影响。赵冈在《论"一田两主"》一文中进一步将永佃制概括为三个不同的来源：（1）抵押租赁制度演变而成；（2）开荒过程中取得的永佃权；（3）典卖土地演变而成。三种来源最终都发展出土地所有权和使用权两个独立的市场，所有权与使用权成为两种独立的产权，各自分归不同的业主。而第三种来源也正是"一田二主"名词的由来。典卖田地之风，从南宋时开始盛行。最初典卖土地时，赎回权与保留的使用权都没有最终期限，也就是可以无限延期，直到土地被赎回或"绝卖"时为止。到了清乾隆年间，官方才以法令形式把典卖土地的赎回期限定为30年，超期赎回权便自动失效，典卖也就成了绝卖。虽然土地已经典卖，但农户心理上并不接受佃户身份，仍以业主自居，也就成了"一田二主"中的一主。正德《江阴县志》风俗篇里有这么一段记载：

> 耕稼其田而输之租，谓之佃户。其佃人之田，视同己业，或筑场圃，或构以屋庐，或作之坟墓其上，皆自专之，业主不得与问焉。老则以之分子，贫则以之卖于人。①

从上文中不难看出，当时的佃农几乎拥有土地的全部产权（使用权、转让权、遗赠权）。这就是永佃制发展到成熟阶段的全部内容，这也成为农村中约定俗成的规则。因此，田面已经变成了独立的财产，也就是说，佃户成为田面的产权主体，他可以不靠田骨而独立行使田面的产权，田面（使用权）与田骨（所有权）彻底分离。

永佃制主要有两项重要经济功能。第一，永佃制是土地产权的分化，能使地权分配趋向平均。第二，田面（田皮）的买卖市场比普通土地市场灵活，交易手续简便，永佃户比地主更容易进行农田整合。② 永佃制还可以使农村的经济秩序更加稳定，耕种田地的农户能更加爱护土地、注意培养地力，避免各种不利的短期行为。这正是本书"两权分离"高稳定结构假说的理论来源。永佃权一旦变成一种独立的产权，可以自由买卖，田皮市场随之产生，占有田

---

① 赵冈. 论"一田两主"[J]. 中国社会经济史研究，2007（1）：4.
② 赵冈. 永佃制的经济功能[J]. 中国经济史研究，2006（3）：52.

皮的农户可以随时将它出售，换取现金，所以永佃户不再是无产的农户，而成为田产的主人。换言之，土地产权在田皮市场上得以重新分配。值得强调的是，田皮的分配有一特色，田皮占有者绝大多数是中下农户，取得田皮是为了自己耕种。这部分农户一般都是风险规避者，也没有多余的资金再去扩大田产，因此农村的土地分配状况会趋于平均化，也就是说集中程度会降低。这就是为什么中国传统农村的农业耕作模式如此稳固的重要原因之一，正是这种两权分离的"高稳定结构"使得农民和地主这两个对立阶级的矛盾最大限度地得到了缓和，因为各自的产权利益没有很明显的重叠区域。这从某种程度上也可以解释，为什么中国农村一直都没有出现"异己力量"，来冲破这种延续千年的模式，走上现代化农业之路。

我们提出的高稳定结构概念与金观涛（1980）①在解释中国封建社会长期保持基本稳定和周期性动乱时，所提出的"超稳定系统"（ultrastable system）是有区别的。超稳定系统其实也不是金观涛的首创，他引用的是控制论中的概念。"超稳定系统"的提法本身在字面意思上就值得商榷，"ultrastable"翻译成"极稳定"或"高稳定"应该更恰当，因为在学术用词上"超"一般与"非"的意思接近，如"超经济强制"就是非经济强制的意思。本书在这里无意对金观涛的理论加以评述，旨在撇清两权分离"高稳定结构"假说与"超稳定系统"的关系。

---

① 金观涛，刘青峰. 中国历史上封建社会的结构：一个超稳定系统［J］. 贵州师范大学学报（社会科学版），1980（1）：6.

第三章

改革开放以来中国农地制度变迁

1978 年底召开的党的十一届三中全会，对当代中国发展的重要性无须赘言。它的重要意义在于使中央最高决策层转变了思维方式，把中国的经济发展引入正确的轨道上。中国改革的幼苗在 20 世纪 70 年代末 80 年代初终于在农村破土而出，正是土地制度领域的创新拉开了整个中国经济体制改革的大幕。始于 20 世纪七八十年代的中国农村土地产权制度创新具有划时代的意义，因为它摆脱了土地制度创新以政府主导（强制性变迁）为主的大格局，使由于制度非均衡带来的获利机会而引致的诱致性制度变迁——家庭联产承包责任制得以确立。家庭联产承包责任制的确立也并非真正意义上的诱致性制度变迁，它是先自下而上而后又自上而下的制度变革，称为"混合式制度创新"更加合适。其实前篇已经提到过，包产到户这一制度创新在 20 世纪 50 年代末 60 年代初就曾出现过，但当时"被一棍子打死了"。因此，制度非均衡并不一定会出现制度创新，政府是制度的主要供给者。

从党的十一届三中全会到现在，中国农村土地制度一直维持着"集体所有，家庭经营"的大格局，当然个别地区也出现了一些土地制度的创新模式，但农地制度的总体架构没有改变。在笔者看来，近年来的土地制度供求有失衡的趋势，特别是一些沿海发达地区，由于土地价值的不断上升，土地产权的不同主体之间在利益分配上的分歧越来越大，这就是制度非均衡所带来的获利机会。在当前形势下，决策层应该重视土地流转与土地市场领域的制度供给，尽可能地提供相关的、有效率的制度安排，以保护各个产权主体的利益。产权是否界定清楚是产权制度是否有效率的前提，为了更好地保护农民的利益，土地产权必须要有法律来保障，2007 年 3 月 29 日颁布的《中华人民共和国物权法》可以说是土地产权法律保护的最好注脚。本章将在回顾从改革开放以来的农村土地制度变迁的基础上，对中国土地产权的流转、土地市场的发育以及土地产权的法律保护等进行阐述和评价。

一、改革开放以来农村土地制度变迁的轨迹

（一）家庭联产承包责任制的确立

1978 年底，党的十一届三中全会召开，中央决策层的工作重心逐步向经济建设转移。1979 年 9 月，党的十一届四中全会修改并正式通过《中共中央关于加快农业发展若干问题的决议》，明确指出："社员的自留地、自留畜、家庭副业和农村集市贸易，是社会主义经济的附属和补充，不能当作资本主义尾巴批判"。政策上虽然有所放宽，但正式文件中依然规定"三级所有，队为基础"的制度适合我国目前农业生产力的发展水平，决不允许任意改变。1980 年 9 月，中共中央召开了省、自治区、直辖市党委第一书记座谈会，讨论了加强和完善农业生产责任制的问题。会后中共中央下发了《关于进一步加强和完善农业生产责任制的几个问题》的通知，对生产责任制给予了充分肯定，规定"已经包产到户的，如果群众不要求改变，就应该允许继续实行""重申不准买卖土地"。从规定中不难看出，第一，农民对土地拥有使用权。第二，农民没有土地所有权。此后，农业生产责任制在全国迅速推广。到 1981 年底，90% 以上的生产队建立了不同形式的农业生产责任制。

1982 年，中共中央在《全国农村工作会议纪要》中总结了 1978 年改革以来的新问题新情况，对当时争论比较激烈的农村生产责任制和土地制度等热点问题都作了比较清晰的性质界定。文件指出："包干到户的形式……是建立在土地公有制基础上的，农户和集体保持着承包关系……它不同于合作化以前的小私有的个体经济，而是社会主义农业经济的组成部分""集体划分给社员长期使用的自留地、自留山以及宅基地，所有权仍属集体""社员承包的土地，不准买卖，不准出租，不准转让"。文件中明确规定了以下几点，第一，所有权归农民集体所有；第二，承认农户对土地的承包关系，农民拥有相对独立的土地使用权；第三，农民不得买卖、转让土地，即农民没有土地的流转收益

权。1983 年的《当前农村政策的若干问题》，充分肯定了生产责任制，认为生产责任制"扩大了农民的自主权，发挥了小规模经营的长处""具有广泛的适应性"。这份文件还提出了"实行生产责任制，特别是联产承包制；实行政社分离的"的体制改革目标。这实际上等于废除了人民公社制度。1983 年前后，包干到户责任制全面实行，到 1983 年年底实行责任制的生产队有 57.6 万多个，达到当年实行责任制生产队总数 58.6 万个的 98.3%。① 随着以包干到户为主要形式的家庭联产承包责任制的确立，"三级所有，队为基础"的制度实际上已经彻底瓦解。在这一制度变迁过程中，土地的所有权和使用权实现了分离，农户的生产积极性有了大幅度提高，改革初期农业绩效得到迅猛增长。事实证明，这一次制度创新对农民提供了有效的激励，将原来人民公社体制下的外部性最大限度地内部化了。

从 1978 年安徽凤阳县小岗村农民自发搞"包产到户"到 1983 年我国正式确立家庭联产承包制的农村基本经济制度，经历了 5 年时间。在这期间，中央决策层对农地制度有了全新的认识，充分意识到有效率的农地制度安排对农业生产的重要性。这次制度创新对农业经济的发展固然重要，但更重要的是家庭联产承包责任制框架下导致的土地所有权和使用权的分离，是对当时僵硬的意识形态的重大突破，也成为中国全面改革的突破口。而以家庭为单位的土地承包制度的确符合中国当时人多地少、生产力落后的国情。

农村土地产权的清晰程度以及稳定性直接关系到农民对土地的投入和保护。为了给农民以稳定的心理预期，1984 年中央下发的 1 号文件——《中共中央关于一九八四年农村工作的通知》中明确规定："土地承包制一般应在 15年以上。在延长承包期以前群众有调整土地的要求的，可以本着'大稳定，小调整'的原则，经过充分商量，由集体统一调整。"这是第一次以中央文件的形式规定土地承包的期限，对巩固土地产权关系，稳定农民的土地承包权，提高农民对农业劳作的积极性有重要作用。由于各地土地承包的时间不同，到了20 世纪 80 年代中后期，很多地方的 15 年承包期已经到期或即将到期，农民对土地的未来十分担忧。这一时期，土地承包制度也出现了不少问题，比如有些地区土地调整过于频繁，损害了农民的利益；还有一些发达地区出现了大幅

---

① 赵阳. 共有与私有——中国土地产权制度的经济学分析 [M]. 北京：生活·读书·新知三联书店，2007：67.

的农村劳动力转移，提出了土地使用权流转的要求①。面对这些新的问题，1993 年 11 月中共中央公布了《关于当前农业和农村经济发展的若干政策措施》，文件对土地承包期作了调整："为了稳定土地承包关系，鼓励农民增加投入，提高土地的生产率，在原定的承包期到期后，再延长 30 年不变。"文件还指出"为避免承包耕地的频繁变动，防止耕地经营规模被不断细分，提倡承包期内'增人不增地，减人不减地'的办法"。针对土地使用权流转问题，文件指出"在坚持土地集体所有和不改变土地用途的前提下，经发包方同意，允许土地使用权依法有偿流转；少数第二、第三产业比较发达，大部分劳动力转向非农产业并有稳定收入的地方，可以从实际出发，尊重农民的意愿，对承包土地作必要的调整，实行适度的规模经营"。这些规定有助于避免土地的无限细分，促进了土地使用权的流转，也有利于土地产权交易市场的发育，中国的土地制度创新又大大向前迈进了一步。

1998 年秋，时任中共中央总书记江泽民在考察包产到户的发源地安徽小岗村时，代表中央对农民作出了承诺："中央关于土地承包的政策是非常明确的，就是承包期再延长三十年不变。而且三十年以后也没有必要再变。"② 在同年 10 月中央通过了《关于农业和农村工作若干重大问题的决定》，这一文件是对过去 20 年农村改革的全面总结。文件指出"要坚定不移地贯彻土地承包期再延长 30 年的政策，同时要抓紧制定确保农村土地承包关系长期稳定的法律法规，赋予农民长期而稳定的使用权""要切实保障农户的土地继承权、生产自主权和经营收益权，使之成为独立的市场主体"。这个文件进一步明确了农户是土地产权市场的主体，依法具有土地经营的各项权利。

20 世纪 90 年代后期以来，随着我国经济的快速发展，第一、二、三产业的比例发生了明显的变化，农业在国民经济中比例越来越小。产业结构的变化也导致农民收入结构的变化，农民经营土地的收入在收入结构中的比例明显下降，农民对土地的依赖程度比过去大大下降了，在一些经济发达地区表现得尤为明显。随着越来越多的农村劳动力从土地上解放出来，客观上就要求建立一

---

① 陈锡文，韩俊. 如何推进农民土地使用权合理流转 [J]. 农业工程技术（农业产业化），2006（1）：78 – 80. 转引自：赵阳. 共有与私有——中国土地产权制度的经济学分析 [M]. 北京：生活·读书·新知三联书店，2007：69.

② 参见江泽民 1998 年考察安徽时的讲话《开创农业和农村工作新局面》（载《江泽民文选》第二卷第 213 页）。

套完善的土地使用权流转机制，健全土地产权交易市场，以免土地出现撂荒现象，使土地得到更充分的利用。2001 年中共中央发布了《关于做好农户承包地使用权流转工作的通知》，指出"农户承包地使用权流转要在长期稳定家庭承包经营制度的前提下进行"，要求土地使用权流转必须坚持"依法、自愿、有偿"的原则，指出"土地流转的主体是农户，土地使用权流转必须建立在农户自愿的基础上。在承包期内，农户对承包的土地有自主的使用权、收益权和流转权，有权依法自主决定承包地是否流转和流转的形式。这是农民拥有长期而有保障的土地使用权的具体体现""农户的土地收益包括承包土地直接经营的收益，也包括流转土地的收益"。该文件对土地使用权的流转和土地使用权交易市场的培育起到了促进作用。

2002 年第九届全国人民代表大会常务委员会第二十九次会议通过了《中华人民共和国农村土地承包法》，这部法律的制定意义非凡，它为农村家庭土地承包制度提供了法律保障，农民的土地使用权主体地位得到了巩固。这对稳定农村土地的产权关系、促进土地资源有效配制、提高农业经济绩效具有非常重要的意义。2005 年 1 月 30 日的中央文件《中共中央国务院关于进一步加强农村工作提高农业综合生产能力若干政策的意见》中对保护耕地和农村土地承包政策作了进一步要求："控制非农建设占用耕地，确保基本农田总量不减少、质量不下降、用途不改变，并落实到地块和农户。修订耕地占用税暂行条例，提高耕地占用税税率，严格控制减免。加快推进农村土地征收、征用制度改革。""针对一些地方存在的随意收回农户承包地、强迫农户流转承包地等问题，各地要对土地二轮承包政策落实情况进行全面检查，对违反法律和政策的要坚决予以纠正，并追究责任。要妥善处理土地承包纠纷，及时化解矛盾，维护农民合法权益。尊重和保障农户拥有承包地和从事农业生产的权利，尊重和保障外出务工农民的土地承包权和经营自主权。承包经营权流转和发展适度规模经营，必须在农户自愿、有偿的前提下依法进行，防止片面追求土地集中。各省、自治区、直辖市要尽快制定农村土地承包法实施办法。"2006 年 2 月 21日的中央文件《中共中央国务院关于推进社会主义新农村建设的若干意见》中指出："稳定和完善以家庭承包经营为基础、统分结合的双层经营体制，健全在依法、自愿、有偿基础上的土地承包经营权流转机制，有条件的地方可发展多种形式的适度规模经营"。这一文件对土地规模经营作出了重要的批示，为有条件的地区进行农业现代化和产业化指明了方向。

（二）农地制度创新实践

1. 两田制

"两田制"发起于山东省平度市，其做法是将口粮田以外的土地全部收回，然后招租。招租实际上是一个显示农户生产能力和愿望的过程。因此，在一定时期内，这种办法基本上可以达到完善的市场配置所能达到的效果，即土地的边际产出在全体农户间趋于一致。经过三五年之后，由于人口和其他经济因素的变化，原先有能力且愿意多耕种土地的农户可能不再愿意耕种那么多的土地，而原先种地较少的农户却可能变得愿意耕种更多的土地。这样一来，重新招租势在必行。据统计，"两田制"自1986年创立以来，由于成效显著，因此在全国广大地区被迅速推广。（原）农业部在全国的抽样调查表明，1992年全国有170万个村组实行"两田制"，占村社总数的32.3%，比1990年增长42.6%；实行"两田制"的耕地面积为5.9亿亩；从区域分布看，"两田制"多发生在东、中部地区，而以中部地区增长最为明显。①

"两田制"的制度创新，除去个别地方强行将农民的承包田集中起来，以多收承包金为目的，除划给农民一部分口粮田外，将其余的土地全部高价招标或出租外，"两田制"并没有改变当时土地细碎化的状况，且随着时间的推移，其弊端也日益显现：第一，"两田制"并未真正超越均分土地的传统思路，只是将原来全部按人口均分改为部分按人口均分，部分按劳动力均分；第二，"两田制"大多是依靠行政手段推行，特别是在"责任田"实行招标承包的地方，很容易出现村组干部借助权力损害农民利益的"寻租"行为，加重农民在土地承包经营权上的不稳定感；第三，原来按全部耕地面积分摊的集体提留和定购任务都集中在"责任田"上，随着人口的逐年增加，按照"两田互补"的原则，"责任田"势必逐年减少，"责任田"负担只会越来越重，这明显不利于土地作为生产要素的流动。正因为这些弊端，"两田制"最终被中央决策层所否定，逐渐淡出人们的视野。

2. "四荒地"使用权拍卖

"四荒地"指荒山、荒坡、荒沙、荒滩。在改革开放之初，一些贫困省份

---

① 赵阳. 共有与私有——中国土地产权制度的经济学分析［M］. 北京：生活·读书·新知三联书店，2007：131.

的边缘地区就已经开始尝试"四荒地"使用权的拍卖。1983年，山西吕梁柳林县中恒村马有才以1750元买下了本村157亩"四荒地"的使用权，十年间荒地不仅全部得以治理，而且他还每年收入上万元；1988年临县曲峪乡以拍卖形式转让百亩以上的流域108条，面积3.2万亩，占到全乡"四荒地"的91.7%，当年就投入治理。到1992年，累计投资12万元，投工60多万个，栽植枣树22万株，用材林3万株，5年的治理成果超过了新中国成立以来40多年治理成果的总和。1992年邓小平南方谈话以后，吕梁地委、行署抓住机遇，从"三个有利于"标准出发，高度评价并充分肯定了拍卖"四荒地"使用权的做法，及时制定了《关于拍卖荒山、荒坡、荒沟、荒滩使用权，加速小流域治理的意见》，对拍卖"四荒地"使用权作出明确规定：谁购买、谁治理、谁受益，拍卖期限50~100年，并且可继承、可转让。在更大范围内拉开了拍卖"四荒地"使用权的序幕，在中国农村开了拍卖"四荒地"的先河。到1993年底，吕梁地区470万亩"四荒地"中，已经拍卖145.9万亩，其中已经治理的有74.6万亩（张红宇，1994）[①]。在这之后，陕西、黑龙江、云南、湖南等丘陵山区也相继推行该政策。

从上述省份"四荒地"使用权拍卖实践可以看出，一方面打破了所有权界限，允许不同经济主体购买；另一方面突破了30年的承包期限，允许延长使用时间；同时还保障了购荒者的利益，允许其继承、转让、抵押。从"四荒地"使用权拍卖的实践来看，制度绩效是明显的。一是较长时期的"四荒地"使用权，大大增加了经济当事人的预期，经济当事人确信他们能够享用努力的果实，多年来，围绕我们的农户经营短期化行为，在"四荒地"开发治理上荡然无存。土地利用的长期行为为制度安排稳定写下了最好的注脚；二是较完整的产权界定，使经济当事人替代政府成为开发治理的投资主体；三是在耕地实施上比较困难的规模经营，在"四荒地"使用权拍卖后不推自并；四是"四荒地"使用权拍卖使闲置的自然资源和劳动力资源得以双重利用，为贫困山区脱贫致富找到了最佳的结合点。从明晰产权关系和保护生态的视角出发，"四荒地"使用权拍卖也有其明显的制度优势：第一，拍卖这一制度创新不仅使"四荒地"产权关系更明晰，更重要的是打破了当时诸多的行政壁垒，使购荒者在买进荒地的同时也买进了胆识和信心。第二，"四荒地"由于符合其

① 张红宇，刘玫，王晖. 农村土地使用制度变迁：阶段性、多样性与政策调整 [J]. 农业经济问题，2002（2）：12–20.

生产的生态特性，有利于生态经济效益的取得。第三，荒地拍卖后土地的占有权、使用权、收益权和转让权都交给了农户，增强了所有者通过市场机制获得产权收益的信心，可以有效减少短期行为。荒地拍卖能打破土地均分的格局，使土地规模经营自发形成。

"四荒地"使用权拍卖这一农地制度创新可以看成是中国农村土地制度创新的一个突破口。这一制度创新完全可以纵深发展，延伸到"四荒地"以外的土地，这为中国广泛意义上的农地制度创新提供了一条选择路径。

3. 土地股份合作制

土地股份合作制（又称"股田制"），概括起来就是以土地使用权折价入股的方式实现土地规模经营的一种土地制度创新模式。土地股份合作制最早产生于20世纪80年代中后期的广东，最典型的莫过于广东南海的土地股份合作制，此后在山东、江苏、浙江等沿海发达地区有所扩展。但迄今为止，作为一种制度安排，土地股份合作制辐射的区域范围和推进速度非常有限。需要强调的是，国内某些学者和媒体撰文指出，"股田制"是四川南溪县的一个创举。这种表述不是缺乏历史考证，就是没有搞清楚"股田制"的性质。四川南溪县的"股田制"与广东南海的土地股份合作制没有本质上的区别，都是采取土地折价入股的方式实现土地集中，唯一的差别就是：广东南海模式是政府发起，农民以土地入股参与工业化建设；而四川南溪县则是农民自发地将土地以入股的形式组成"股田制公司"，实现规模经营。从新古典经济学、新制度经济学和国际制度比较的视角看，社区型股份合作制是一个典型的诱致性制度变迁。农村社区集体经济的产权矛盾是社区型股份合作制产生的必要条件，传统框架内的集体经营相当程度的发展是其产生的充分条件，城镇化进程对集体经济产权矛盾的爆发和股份合作制的变迁具有催化作用。

从各地的实践看，实现土地股份合作制必须具备相关条件：第一，较多的劳动力已转移到较发达的非农产业；第二，农业不再作为农户的主要收入来源，农民放弃土地使用权成为可能；第三，它产生于具备了进行股份合作制创新主客观条件的较发达的沿海地区和大中城市郊区。就土地股份合作制的制度绩效而言：首先，土地使用权入股，实质上等于强化和确认了农户对土地的承包经营权，削弱了均田承包的制度缺陷。其次，实行土地股份合作制，社员拥有的土地股权是一种货币化的股权，而不是占有土地的实物形态。因此，不会影响社区对土地的支配和处置的权利。再次，实行土地的股份合作制，等于重建了集体的土地产权关系。土地的支配权和处置权仍归集体，但土地的占有权和受益权则通过股份分红，一部分归集体所有，另一部分归社员所有，由此建立了一种社区土地权益集体和社员共享的土地产权制度。最后，土地的股份合作制把土地和其他资产折股到生产经营活动中，便于形成自我发展、自我积累、自我调节、自我约束的良好机制。社员按股参加集体收益分配，兼顾了社员承包土地的权利和利益，较好地解决了社区集体经济的二次分配问题。

广东南海市的土地股份合作制的实践个案则表明，让农民以土地权利参与工业化，可以屏蔽国家征地制度对农民权益的侵害，有利于地方工业化，让农民分享工业化进程中的土地级差增值收益。为了更好地保护农民利益，增加农民收入，允许农村集体建设用地直接进入市场，实行国有土地与集体土地的同地、同价、同权。钱忠好（2006）运用新制度经济学理论，在分析土地股份合作制外部利润对当事人制度创新行为的影响以及土地股份合作制效率损失的制度规则的基础上提出，土地股份合作制的制度创新源于当事人对外部利润的追逐以及与由此形成的制度创新一致，土地股份合作制规则的不完善导致了土地股份合作制效率的损失，土地股份合作制生成、发展或衰败源于外部利润和效率损失之间的对比。要推动土地股份合作制的生成和发展，就必须努力提升其外部利润、减少效率损失。

土地股份合作制的确是农业实现规模经营的有效方式，北京大学厉以宁教授（2002）也对这种模式的未来充满信心，并认为我国农业发展要分三个阶段，其中第三个阶段就是土地入股实行"股田制"，按股分红。现在的主要问题是，土地股份合作制发展至今已有 20 年的时间，根据学者们的研究，这一制度是非常有效率的，但是为什么没有在全国推广开来呢？笔者认为，土地股份合作制之所以没有被推广的根本原因在于：第一，土地股份合作制模式缺乏法律保障，从而影响农户的稳定预期；第二，全国各地经济发展水平不同，导致产业结构的差异，欠发达地区的农民不可能放弃土地使用权。第二个原因并不是绝对的，通过对土地股份合作模式的改良是完全可以解决的，四川南溪县就是很好的例证。当然，前提条件是当地具备比较成熟的农产品市场和完整的产业链，如果没有成熟的农产品市场这一平台，无论土地股份合作模式搞得多么成功，土地规模效应也体现不出来。

二、土地流转与土地市场培育

（一） 农村土地使用权流转情况

改革开放后，土地承包制度的确立和不断完善，使农户土地使用权得到了保障，土地的流转也随之出现。1990 年，全国发生转包、转让土地的农户数占总农户数的 0.9%，转包耕地面积占全国耕地面积的比例只有 0.44%。到 1992 年两个指标则分别上升至 2.3%、0.9%。1993 年，在我国 25 个省份的 100 个县所进行的土地承包经营和合作经济组织建设抽样调查统计表明，共有 238.4 万承包农户转包、转让土地 63.68 万公顷，分别比 1992 年下降了 49.6% 和 17.2%（农业部课题组，1991、1993）[①]。

近年来土地流转的情况有所好转，在当前农业结构的调整中，一些地方在耕地使用权的流动和集中方面出现了一些新情况。1990～2004 年全国以各种形式流动使用权的耕地约占承包耕地总面积的 5%～6%，且多数发生在沿海发达省市（陈锡文，2002），具体见表 3 - 1 和图 3 - 1。

表 3 - 1　　　　　　　　1990～2004 年农地使用权转让的基本估计　　　　单位：%

年份	转包土地	转包农户
1990	0.44	0.9
1992	0.9	2.3
1994	0.7	1
1996	5.6	9
1998	9	15.1

---

① 赵阳. 共有与私有——中国土地产权制度的经济学分析 [M]. 北京：生活·读书·新知三联书店，2007：133.

续表

年份	转包土地	转包农户
2000	6	
2004	5	

资料来源：赵阳. 共有与私有——中国农地产权制度的经济学分析［M］. 北京：生活·读书·新知三联书店，2007：133.

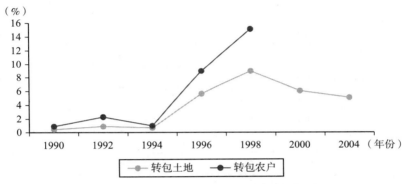

图 3 - 1　1990～2004 年农地流转趋势

　　图 3 - 1 显示，20 世纪 90 年代以来，农村土地的流转发生率呈现上升的趋势，特别是 1994 年以后，上升趋势非常明显。造成这一变化的主要原因是当时中国土地制度的一系列变革，其中最重要的就是"继续延长土地承包期 30 年"的政策①。在此不难看出国家有关土地的政策对土地流转的重要意义，这也进一步验证了土地产权的稳定性对土地流转的重要性。

　　根据（原）农业部1999年的一项抽样调查显示，全国不同省份土地流转的差异较大。从表 3 - 2 中我们可以看出，1996～1998 年，无论是转出还是转入所占当年承包面积的比例，浙江省都排在几个样本的首位，与其他省份差异明显。笔者认为，这是因为浙江省的总体经济发展水平高于其他样本，特别是发达的非农产业使农民对土地的依赖程度大大减小，越来越多的农民从土地上解放出来，客观上导致土地供求的失衡。因此，土地流转的发生率和经济结构之间有相当大的依存度。

---

　　①　赵阳. 共有与私有——中国土地产权制度的经济学分析［M］. 北京：生活·读书·新知三联书店，2007：134.

表 3 - 2　　　　　　　1996～1998 年各省份农地使用权流转基本情况表

年份	省份	转入情况			转出情况		
		转入户比例（%）	转入面积（亩）	转入面积比例（%）	转出户比例（%）	转出面积（亩）	转出面积比例（%）
1996	河北	1.4	2	0	1.4	8	1
	陕西	34.1	160	23.5	2.4	6.6	1.3
	安徽	6.9	22.8	4	1.4	1.8	0.6
	湖南	12.5	43.7	10.2	2.1	6.9	1.5
	四川	10.1	24.5	4.6	4.3	14.6	2.7
	浙江	18.9	92.9	48.9	15.9	23.1	11.3
1997	河北	1.4	8.2	0.5	0.7	4	0.6
	陕西	40.5	179	25.3	4	8.4	1.5
	安徽	2.3	30.3	4.9	0	0	0
	湖南	28.8	61.8	15.2	3.5	9.9	2
	四川	15.1	32	6.5	2.2	16.9	3
	浙江	24.3	111	6	13.6	25.3	11.9
1998	河北	2.1	19	1.3	1.4	6	0.9
	陕西	50.8	223	31	4	8.4	1.5
	安徽	11.7	40.5	7.5	1.4	1.9	0.5
	湖南	26.4	81.6	19.3	6.3	16.7	3
	四川	25.3	60	13.1	0.7	18.5	3.4
	浙江	33.4	160	81.9	14.4	25.2	13

　　资料来源：赵阳. 共有与私有——中国农地产权制度的经济学分析［M］. 北京：生活·读书·新知三联书店，2007：135.

　　从图 3 - 1 中我们还可以看到一个明显的变化，自 21 世纪以来，土地的流转呈下降趋势，土地流转的比例一直维持在 4%～6%。很明显，2000 年以后土地使用权的流转遇到了瓶颈。究其原因，笔者认为关键在于土地承包经营权的不完全性及其法律属性的不明确。不完全的土地承包经营权降低了农户土地经营收益和土地交易价格，提升了土地交易成本，降低了土地市场交易的净收益，最终减弱了农户的土地需求和供给。要加速我国土地的流转，就必须按物权理论规范我国土地承包经营权制度，通过法律制度的建设，从产权安排上克服我国土地市场发育的产权制度瓶颈。现阶段土地承包经营权市场流转陷入困境与乡村干部行为有很大关系。乡村干部经常性地行政调整承包地，有助于其自身利益的实现，其行为的产生有着深刻的社会、文化、历史原因。承包地的经常性行政调整在一定程度上抑制了土地流转市场机制的发育。要加速我国土地市场化的进程，就必须按市场经济的要求规范乡村干部的行为。为此，既要在经济利益上降低或消除土地行政性调整给乡村干部带来的收益，又要借助于农村综合改革，建立起有效的约束和监督机制，最大限度地抑制其可能产生的机会主义行为。

（二）　土地使用权流转制度设计

我国农村土地使用权流转几乎是和土地产权改革（土地承包经营）同时出现的，但是通过近30年的实践，土地使用权流转不畅的问题一直存在。究竟是什么原因导致了我国农村土地使用权流转的不顺畅？如何才能促进农地使用权的流转？围绕这两个问题，国内学者在这一领域进行了不懈的努力，提出了一些颇有价值的土地流转理论与方法，比较具代表性的学者有钱忠好（2002，2003）、陈锡文（2002）、刘守英（2003）、张红宇（2002）等。

钱忠好（2002）以我国土地承包经营权产权残缺为切入点，分析了农地产权的不完整对土地市场流转的作用机理及其影响。他结合科斯定理，通过建立模型来解释土地流转过程中土地承包经营权出让者和购买者的土地规模的确定。最后得出的基本结论是：我国土地承包经营权的不完全性是现阶段土地市场发育缓慢的产权原因，而土地承包经营权的不完全又与其法律属性不明确有关。不完全的土地承包经营权降低了农户土地经营收益和土地交易价格，提升了土地交易成本，降低了土地市场交易的净收益，最终减弱了农户的土地需求和供给。要加速我国土地市场化进程，就必须按物权理论规范我国土地承包经营权制度，通过法律制度的建设，从产权安排上克服我国土地市场发育的产权制度瓶颈。钱忠好（2003）在之后的一项研究中，基于农户的层面，构建了一个土地承包经营权市场流转的理论决策模型。通过成本—收益分析，得出了农户土地经营最优规模及供求水平的确定方法。他还从土地产品价格、非生产性收益、生产性成本、非生产性成本等方面，对我国农村土地承包经营权市场流转困境进行了成因分析，最终得出，我国土地承包经营权市场流转面临刚性的需求约束，总体水平上呈现需求大于供给的不均衡态势。为此，需要改善土地承包经营权市场流转的外部条件促进土地有效供给的形成。

陈锡文一直致力于农业经济问题的研究，他在 2002 年的一篇文章《如何推进农民土地使用权合理流转》（载于《中国改革》（农村版），2002 年底 3 期）中，对土地使用权合理流转提出了自己看法。他认为要使土地使用权合理流转必须从以下几方面入手：（1）进一步完善和落实党的农村土地政策，保障农民的土地权益，关键是要落实 30 年承包期政策，使农民在土地制度上形成长期稳定的预期；（2）进一步明确界定农民的土地权利，使农户真正享有占有、使用、收益和处分四权统一的承包经营权；（3）必须建立真正的"自愿、依法、有偿"的土地流转机制；（4）土地流转应当主要在农户间进行，在条件不成熟的当下，不提倡甚至要立法限制工商企业长时间、大面积租赁经营农户的承包地；（5）依据我国现在的基本国情来看，在相当长的时期内，土地仍将是农民最基本的生活保障，因此，农村土地使用权的流转和集中必然是一个不平衡的、渐进的长期过程。刘守英（2003）进一步强调了"依法、自愿、有偿"原则在进行土地承包经营权流转过程中的理论意义和现实意义。他认为，土地问题是农业和农村工作的核心，是农村稳定的基础。今后一段时期，是我国推进工业化和城镇化、全面建设小康社会的关键时期，土地流转的速度和规模还将加大。因此，必须在完善政策和法规的前提下，密切关注和切实解决土地流转中出现的新问题，确保农村社会的长期稳定和经济的全面振兴。张红宇（2002）对我国土地调整和使用权流转作了历史总结，并对影响土地调整的因素和土地使用权流转的基本动因进行了有益的探索，最后提出了开辟土地使用权流转市场的新思路。他认为，土地调整和土地流转是有本质区别的，而开辟土地使用权流转市场才是有效克服土地频繁调整的治本之策。

（三）土地市场的培育

有众多学者结合中国实际，探讨了中国土地特别是农村土地的市场培育问题。柳树青（2000）从我国实际情况出发，提出"两类土地、两类供给主体"的农地市场培育思路，即"农村非农用地要采取'两个区域，两种入市方式'的办法：在城镇、城市规划区和成片开发区中，集体土地转为非农用地，应当征收为国有；在城市规划区和成片开发区以外，集体土地转为非农用地，应当保留集体所有权"①。张德元（2002）对在中国农地制度设计讨论中的土地私有化和"反租倒包"结合农地流转市场培育提出，两种主张都不敢苟同，"赋予农民土地持有权，保留农村土地的集体最终所有权"②，才是中国农地制度改革和市场培育最为现实的选择。文兰娇和张安录（2016）基于上海市松江区、金山区和广东省南海区、东莞市4地的实证分析，研究了长三角地区与珠三角地区农村集体土地市场发育与运行，指出，"农村集体土地市场相对于城镇土地市场，目前发育还不成熟，因而很难像城镇土地市场化测度一样根据其招标、拍卖、挂牌等方式划分一级市场、二级市场，再根据不同层级对应不同交易方式进行加权平均"，并提出"当前土地市场发育条件下，应将虚拟指标交易市场、出让/买卖市场（一级市场）和租赁市场（二级市场）纳入农村土地市场化测度的分析框架中"③ 的意见建议。林毅夫（1993）也指出："一个好的土地制度，起码要具有两个要素。一是产权必须明确，二是要有自我调节和变迁机制。土地市场建设的核心，是在明确界定土地所有权和使用权的基础上，建立和完善土地使用权在承包期内有偿转让和再转让制度，并使这种制度体现市场法则。"④ 综上所述，我国培育土地市场目前还不成熟，要想实现土地市场化发展，必须具备明确土地产权制度以及使之与发展阶段相匹配，而从某种程度上来说，这两个方面的实现我们还有很长的一段路要走。因此，笔者认为，在我国土地产权制度未出现实质性变革之前，任何所谓培育土地市场的途径都是镜花水月、空中楼阁，是不可能实现的。

三、土地制度变迁及产权的强化

客观而言，有关土地制度的调整，在当代中国很长一段时间里都是政策在起主导作用。直到20世纪80年代中期，随着我国民事立法的启动，对土地制度的调整才开始从政策逐渐转向法律。最终，以法律形式确立家庭联产承包责任制，建立土地产权法律制度成为顺应市场经济要求的必然选择，并在这个过

　　① 柳树青. 培育和发展农村土地市场问题的探讨 [J]. 当代经济研究，2000（12）：42－45.
　　② 张德元. 赋予农民土地持有权　培育农村土地流转市场 [J]. 财政研究，2002（5）：48－50.
　　③ 文兰娇，张安录. 长三角地区与珠三角地区农村集体土地市场发育与运行比较研究——基于上海市松江区、金山区和广东省南海区、东莞市4地实证分析 [J]. 中国土地科学，2016，30（10）：64－71.
　　④ 林毅夫，杨建平. 健全土地制度发育土地市场 [J]. 中国农村经济，1993（12）：3－7.

程中，逐步实现对农地产权的强化。

我们将对中国农地制度变迁进行简要回顾，以证实我们的判断。中国农地制度从承包期限上看，经历了一个承包期由短到长的渐进过程，从政策涵盖的土地类型上来看，历经了从农地、林地、宅基地到牧区草原、承包地、建设用地，从种植业、林业到畜牧业、渔业范围逐步扩大的渐进过程。改革开放之初，由于安徽小岗村包产到户的开创性做法，使该村的农业绩效有了明显提升，最终使家庭联产承包责任制作为我国农村的一项基本经济制度得以确立。但一开始只是出于一种探索，甚至到了1982年的《全国农村工作纪要》中也只是强调了农地的集体所有制，而没有明确规定农户对土地的承包期限。在经历了最初几年的试验之后，由于家庭联产承包责任制极大地激发了广大农户生产积极性，明显提升了我国的农业绩效，出于保护农民积极性和农村稳定的大局出发，在1984年的中央1号文件《关于一九八四年农村工作的通知》中将农地承包期限明确为15年，同时，将农地的试验经验拓展到了林业、畜牧业、渔业等其他方面。1993年，为了稳定土地承包关系，鼓励农民增加投入，又进一步规定在原定承包到期后再延长至30年，并将这条写进了1998年修订的《中华人民共和国土地管理法》。同时考虑到森林、草原、荒地等的具体情况，经过全国人大常委会的讨论，2002年出台的《农村土地承包法》对草地、林地、特殊林木的承包期进行了规定，提到："草地的承包期为三十年至五十年，林地的承包期为三十年至七十年；特殊林木的林地承包期，经国务院林业行政主管部门的批准可以延长"[1]，并提出，这些特殊资源的承包期可以根据情况适时申请延长期限。

2008年，在党的十七届三中全会上通过的《关于推进农村改革发展若干重大问题的决定》里面提到，"赋予农民更加充分而有保障的土地承包经营权，现有土地承包关系要保持稳定并长久不变"，并首次提出"搞好农村土地确权、登记、颁证工作"，此后，中央政府在林权（2009）、宅基地（2012）、牧区草原（2013）、承包地（2014，2015，2018）、建设用地和宅基地（2016，2017）等各类土地的确权、登记、颁证工作方面进行了详细的部署和推进，中国农地产权正朝着越来越明晰化的方向迈进。习近平总书记在党的十九大报告中进一步强调"保持土地承包关系稳定并长久不变，第二轮土地承包到期后再

---

① 胡康生. 中华人民共和国农村土地承包法释义［M］. 北京：法律出版社，2002：55 – 56.

延长三十年"[①]，紧接着 2018 年的中央 1 号文件进一步指出，"落实农村土地承包关系稳定并长久不变政策，衔接落实好第二轮土地承包到期后再延长 30 年的政策，让农民吃上长效'定心丸'"[②]。

通过对中国农地制度改革的简要回顾不难发现，中央政府一直在根据经济社会发展的变化，以及农地制度实践过程中的经验，不断延长土地承包期，不断拓展政策覆盖面，不断明晰各类土地的承包经营权，最终以颁发产权证的形式加以巩固。中国的这些做法有力地确保了农民对土地的产权拥有，进一步推动了土地市场培育与农地流转。

---

① 习近平. 决胜全面建成小康社会夺取新时代中国特色社会主义伟大胜利 [N]. 人民日报，2017 - 10 - 28（001）.

② 中共中央国务院关于实施乡村振兴战略的意见 [N]. 人民日报，2018 - 02 - 05（001）.

第四章

中国农地制度变迁的基础与方向

历史永远是现实的一面镜子。经济史演变过程中不乏土地所有权（包括终极产权）与土地经营权的分合变化，通过对其组合、变动的规律的探究，有助于我们廓清当今土地制度变革的思路，推进和深化农村土地制度改革。

中国的农地制度变迁，实际上是农地产权不断强化的过程。我国现有的农地制度带有鲜明的历史烙印，是改革开放后不断摸索和渐进式制度实践的产物。当前我国农村土地的所有权界定为集体所有，即农民对土地只有使用权和承包权，按照新制度经济学的产权理论，集体所有权的产权主体不明确，这对提升农业经济绩效不利。但中国的渐进式改革实践证明，现有的农地制度安排在过去 40 余年的改革进程中很好地配合了工业化和城镇化的进程，体现为一种整体效率。未来中国的农地制度变迁也必定是在中国特色社会主义市场经济体制框架内的创新，任何逾越我国现有基本制度框架的土地制度创新都是不现实的。制度创新是有成本的，在创新过程中必将触动相关利益集团的既得利益，因此，制度创新一定会遇到阻力，而最理想的制度创新是将来自外部的阻力内部化，并与其他领域的制度形成匹配效应，从而促进整体经济效益的提升。

一、中国农地制度变迁的现实基础：巩固家庭经营制度

从 20 世纪 80 年代中期以来我国农业经济绩效增速明显减缓，尽管粮食总产量仍逐年增加，但增长速度明显减慢。这种农业经济增长的徘徊局面，暴露了现行农村土地产权制度的不完善，从而引发了对家庭联产承包责任制改革方

向的争论。有的学者认为，家庭联产承包责任制已经完成了历史使命，应该将农地重新集中起来实行规模经营。

我们在对我国土地产权制度的演化进行了历史制度分析时，发现了人地比例、耕作技术等与土地产权制度存在协同演化关系。从当前我国人口基数和城镇化进度等方面来看，在将来较长一段时期内我国人地比例将会日趋紧张，这就决定了中国未来的农业走向必然是继续走精耕细作的道路。目前我国人均耕地面积不到一亩，而且随着人口增长和工业用地需求量的增加，人均耕地面积还有减少的趋势，在这种情况下，要达到增加农业经济绩效的唯一途径只能靠进一步提高单位面积土地的产量，进一步提高土地利用率与产出率。而要进一步提高土地利用率和产出率以及土地的精耕细作水平，农地制度演进的方向就必须是：巩固家庭经营制度以激励农民的积极性，同时保障农民对土地的长期使用权和收益权以稳定农民的预期。只有农地制度朝着以家庭经营为基础并保障农民土地长期使用权和收益权的方向演进，才能保护用养结合的精耕细作的不断创新和普及推广，才能持续地提高土地产出率，从而缓解人地比例紧张的矛盾。

当前学术界讨论得比较多的是农业规模经营和农业现代化问题，认为中国农业自 20 世纪 80 年代中期以来处于徘徊状态是由于未能实现规模经营。笔者认为，我国农业在现阶段难以实现规模经营。因为在中国人地比例十分紧张的情况下，对耕作技术需求更为强烈。在农业劳动力相对过剩的情况下，集体规模经营的劳动监督成本将非常高昂，甚至足以抵消规模经营所带来的规模收益。由于集体经营中交易费用的高昂，使高端耕作技术无法贯彻实施，从而使土地产出率下降，导致农业经济的衰退。因此，在人地比例紧张的国情约束下，农村土地产权制度必须巩固农民的家庭经营。

二、中国农地制度变迁的原则：强化农地产权

2003 年 3 月 1 日起实施的《中华人民共和国农村土地承包法》规定了农村集体土地承包给农户经营的程序、期限、形式以及承包期内发包方和承包方的权利和义务，明确界定和保护了农民的土地使用权、收益权和转让权，从而使农民的土地承包经营权得到进一步的明确和稳定。2018 年 12 月 29 日，十三届全国人大常委会第七次会议审议通过的关于修改《中华人民共和国农村土地

承包法》的决定，也更加强化了农民土地使用权、收益权和转让权，并对保护承包方依法自愿有偿流转土地经营权，耕地承包期为 30 年，届满后再延长 30年，维护进城农户和妇女的土地承包权益等作出规定。本章所叙述的农地产权只包含农地的使用权、收益权和转让权。

（一）农地产权强度与土地投资强度

土地承包经营权的不稳定将直接导致农民土地收益的不稳定。产权稳定情形下的土地收益（LR_s）不仅比产权不稳定情形下的土地收益（LR_{us}）高，而且波动较小（如图 4－1 所示）。因此，清晰界定和保护农村土地产权，使农民对土地产权有安全感，有利于提高农民土地收益，保持农村社会稳定。

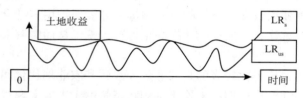

图 4－1　产权稳定和不稳定情形下土地收益变动

土地承包经营权的不稳定意味着未来收益的不确定，从而导致投资不足。土地发展经济学家巴斯雷（Besley）通过对加纳农村土地产权制度与投资激励之间关系的研究证明，对土地产权保护得越好，农村土地产权越完整，农民对土地的投资也就越大。所以从长远来看，我国农村土地承包经营权需要进一步提高其稳定性。从图 4－2 中可以清楚地看到，60 年土地承包期的投资强度（I_{60}）要高于 30 年的投资强度（I_{30}），100 年的投资强度（I_{100}）要高于 60 年的投资强度，100 年的承包期其实已经接近于永佃制了。这表明，承包期限越长，土地投资越大。这是因为期限越长，未来的不确定性下降，投资强度越大。期限越短，投资强度下降越快。I_{30} 曲线的斜率要大于 I_{60} 曲线的斜率，如果期限足够长，例如 100 年，则投资强度几乎不下降。这表明，如果承包期限较短，则随时间推移，土地投资逐年减少，这是因为越靠近承包期限，投资所带来的收益越少，投资越不经济。由此可见，适当延长土地承包期，增强土地承包的稳定性，是我国农地制度改革的现实出路之一。

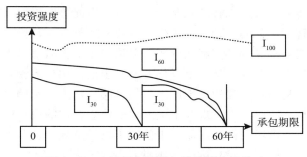

图4－2 土地承包期限与投资强度的关系

（二）土地市场管制与农地流转

李嘉图租金模型假定农地数量是固定不变的，在此基础上，我们引入政府用途管制，建立如图4－3所示的农地用途管制模型。我们假定农地的总供给量为OS，为了保证粮食安全，耕地的管制数量为OX，耕地的需求曲线为AA′；我们用果园作为耕地作物的代表，果园的需求曲线为VV′；我们用住房用地作为城市用地的代表，住房用地的需求曲线为HH′。图4－3所示的农地用途管制模型表明，在国家用途管制下，尽管耕地价格（P_A）低于果园价格（P_V），但农民仍不能将耕地转化为果园用地，从中获取级差地租的收益。同时尽管果园价格低于住房用地价格（P_H），但农民也不能将农地转化为城市用地，从中获取级差地租的收益。因此，在用途管制条件下，土地产权不能充分流转，市场机制不能充分发挥作用，资源得不到最有效的配置。因此，政府在保证粮食安全的同时，应逐步放松对非耕地的管制，让农民享有充分的土地流转权，以提高农民收益和土地利用率。

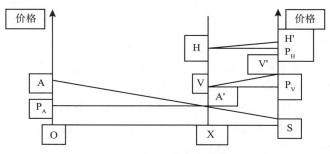

图4－3 农地用途管制模型

政府应逐步放松农地流转的限制，让农民享有充分的土地流转权，这是实现土地产权流转市场化的基础。市场化的主要方式是有偿转让，允许农地转租或以入股的方式合伙经营参与利润分成。无论是土地入股、自由转租还是委托中介组织统一出租，基本上都是市场化方式。土地使用权流转并不引起使用权的最终转移，只是一定年限的土地使用权的转移，在流转到期后，发包的农户有权收回使用权。所以，为了规范土地流转，建立合理的流转机制是关键，要尊重土地使用权的市场属性，在流转中依照市场经济规律，在确保所有权和承包权不被侵蚀的前提下，建立健全土地使用权的市场化流转机制、管理机制、利益机制和风险机制。可以采取引导、激励措施鼓励有流转要求的农户流出土地，但绝对不能干预农民的流转与否。要依照"依法、自愿、有偿"的原则，明确划分、处理集体经济组织和农户的权利和义务，合理分配流出与流入双方的经济利益。规范合同契约，用法律形式保障土地流转双方的权益。

我国农地制度改革的原则，一方面坚持和维护农民对土地的长期的使用权，即不断深化土地产权强度；另一方面通过制度设计促进农地流转，从而使土地资源得到优化配置与合理利用，这也是我国实现新型城镇化的重要制度基础。

三、中国农地制度变迁的方向

我国现行的农村土地产权制度很好地配合了过去 40 年的工业化和城镇化进程，体现出一种整体效率，但农地相对偏弱的产权强度是否阻碍未来新型城镇化和乡村振兴战略的实施，这是一个需要厘清的理论问题。无论是理论层面，还是中国进一步推进改革的现实考量，我们认为，农地制度变迁的方向应该把握以下几个方面：

第一，实行土地国有制是我国土地所有权改革的一条现实可行的道路。土地所有权在界定为国家所有的同时，强化农户对土地的使用权，通过立法确定农地使用权到期自动延期，这样农地使用权的权利束则更加完整。在此基础上，还可以进一步明确自留地、宅基地、"四荒地"等农村土地产权界定。

第二，农业细碎化经营毕竟与农业现代化背道而驰，因此有条件的地区可以适当实行规模化经营，形式可以多样化，家庭农场、合作农场和股份制农场都是很好的规模经营模式。这种由农业经营模式创新而带动农地制度变迁发展过程符合制度演化的一般规律，也是可资借鉴的一个方向。

第三，建立和完善土地市场制度，协调土地流转的各种利益关系，形成有效的土地市场。国家征用土地时必须考虑拥有土地使用权的农户的利益，征地补偿费更加接近土地出让时的市场价，对征地补偿费的分配向土地使用权人倾斜，从而将会使这种分配更加合理，这还将很好地解决我国城乡间收入分配差距问题。

总之，从我国现在的工业化和城镇化水平以及人口基数来看，未来较长的一段时期内还不可能从根本上改变农业家庭经营的传统模式，农业规模经营还有一段很长的路要走。只有当第二、三产业可以吸纳大部分农业劳动力，城镇化水平大幅度提高时，土地才会在市场的作用下集中到愿意和擅长经营土地、从事农业的人手中，规模适度、形式多样的农场才会大量涌现，农业种植结构才会更加合理，再加上农业科技的广泛应用，我国农业现代化才算真正意义上的实现。

现 实 篇

第五章

中国应该走一条什么样的城镇化道路?

一、城镇化概念辨析与模式争论

在城镇化研究中究竟是使用"城镇化"还是"城市化"? 鉴于学界对这两个概念时常互为套用,本书有必要做一个澄清。西方学者大多用"城市化"这个概念,它代表随着一个国家或地区社会生产力的发展、科学技术的进步以及产业结构的调整,其社会由以农业为主的传统乡村型社会向以工业(第二产业)和服务业(第三产业)等非农产业为主的现代城市型社会逐渐转变的历史过程。我国学者更多用的是"城镇化"这一概念,城镇化实际上比城市化有着更丰富的内涵,除了城市化所涵盖的内容外,还包括人口职业的转变、产业结构的转变、土地及地域空间的变化等。在中国语境下,除了西方意义上的城市之外,县城和建制镇等行政区划也是吸纳农村人口的重要物理空间,这是中国城镇化的一大特点。

对于城镇化这一概念,也有众多学者从不同角度进行阐释。安虎森(2013)提出:"城镇化,就是指随着农业劳动生产率的提高,大量解放剩余劳动力,农村人口不断向城镇转移,第二、三产业不断向城镇聚集,从而使城镇数量增加,城镇规模扩大的一种历史过程。"[①] 周阳敏(2016)认为:"新型城镇化实质是民营企业(城镇化主体之一)的企业家通过制度经营(城镇化独特新商业模式)形成制度资本(城镇化新资本形态)的过程,而城镇化是

---

① 安虎森, 刘军辉. 农村土地产权制度改革与城镇化 [J]. 甘肃社会科学, 2013 (3): 202 - 206, 244.

民营企业实现制度资本积累的载体。"① 倪鹏飞（2013）提出，城镇化是由科技进步、社会生产力发展所引发的，分散聚居在农村功能区域的农业人口转为集中聚集非农功能区的非农人口，进而传统乡村社会转为现代城市社会的历史过程。城镇化人口不是标签意义上的城市人口，而是享受城市基础设施和公共服务的人口。城镇化地区不是形成地理意义上的区域，而是承载非农人口和非农产业的功能区。城镇化不仅表现为城镇数目的增多、城镇面积的扩大、城镇人口的增加，还包括人口职业的转变、产业结构的转变、空间形态的变化，也包括人类社会的组织方式、生产方式和生活方式的变化，由此导致经济、社会、文化、环境和人的变化。② 秦震（2013）提出："城镇化是由于社会生产力的变革使农民向城市集中，人类生产活动向第二、三产业转换。城市经济集聚促进农村农业经济发展的过程。"③ 齐凯丽（2016）认为，城镇化的核心是农民工市民化，这将带来巨大的消费需求，尤其是住房需求，助力房地产"去库存"，进而促进化解钢铁、水泥等建材行业产能过剩，在盘活存量资源的基础上加速"去产能"；同时城镇化对农村贫困人口脱贫具有辐射带动作用，能够为就地脱贫、异地搬迁脱贫等精准扶贫机制插上翅膀、增添动力，从而促进"补短板"。④

许经勇（2014）认为，新型城镇化的重要内涵就是充分体现"以人为本"，为了体现新型城镇化的要求，对待城镇化对象的农民所采取的基本政策应该是解放农民、服务农民、投资农民、转移农民、减少农民、善待农民。⑤ 魏后凯（2005）提到"城镇化是指人口向城镇集聚、城镇规模扩大以及由此引起一系列经济社会变化的过程"⑥，并从以人为本、城乡建设、农民工市民化、农村发展等视角解析了新型城镇化的内涵与特征⑦。进一步提出，城镇化是经济社会发展的必然结果。城镇化的实质是经济结构、社会结构和空间结构的变迁。从经济结构变迁看，城镇化过程也就是农业活动逐步向非农业活动转化和产业结构升级的过程；从社会结构变迁看，城镇化是农村人口逐步转变为

---

① 周阳敏. 制度资本、微观动力与包容性城镇化模式研究 [J]. 当代财经, 2016（9）：14 - 23.
② 倪鹏飞. 新型城镇化的基本模式、具体路径与推进对策 [J]. 江海学刊, 2013（1）：87 - 94.
③ 秦震. 论中国政府主导型城镇化模式 [J]. 华南师范大学学报（社会科学版）, 2013（3）：24 - 29, 161.
④ 齐凯君. 供给侧结构性改革助推新型城镇化 [N]. 人民日报, 2016 - 05 - 16（007）.
⑤ 许经勇. 解读新型城镇化的内涵 [J]. 北方经济, 2014（5）：4 - 6.
⑥ 魏后凯. 怎样理解推进城镇化健康发展是结构调整的重要内容 [N]. 人民日报, 2005 - 01 - 19.
⑦ 魏后凯. 多角度聚焦"走新型城镇化道路" [N]. 社会科学报, 2013 - 06 - 20（001）.

城镇人口以及城镇文化、生活方式和价值观念向农村扩散的过程；从空间结构变迁看，城镇化是各种生产要素和产业活动向城镇地区聚集以及聚集后的再分散过程（魏后凯，2009）。[①] 关于农业转移人口市民化，魏后凯（2013）提出"农业转移人口市民化不单纯是将农业户口改为城镇户口，而是从农村转移到城镇的人口，在经历城乡迁移和职业转变的同时，获得城镇永久居住身份、同等享受城镇居民各项社会福利和政治权利，成为城镇居民并完全融入城镇社会的过程"[②]。周伟林（2013）认为"城市化"是国际通行的叫法，但是在我们官方文件里比较多地被叫作"城镇化"。其实城市化、城镇化的含义本质上没有区别，为什么在中国要特别地叫'城镇化'呢？这还是跟中国城市的行政化以及农村人口多、其基本的人口聚集单元还要依靠城镇有关[③]。

综合对已有城镇化概念的分析，我们可以提炼出城镇化发展的几个关键词：一是农业劳动生产率提高，劳动力有剩余，有化解剩余的动机；二是城镇生活水平提高，经济发展，社会进步，有接收劳动力需求；三是无论是农村还是城市，通过城镇化的发展，实现了社会整体福利的提升。本书以农地制度创新的视角来分析前40年的城镇化发展模式，并总结取得的成就和存在的问题，进而探究如何在现有资本、资源、人力、土地等要素制约下，实现农业生产率、经济社会发展等各方面的整体绩效的提升，同时，又能够有效避免诸如征地纠纷、发展方式粗放、资源浪费等不可持续问题。

二、改革开放以来的城镇化：阶段、模式与动力

（一）改革开放以来城镇化阶段划分

我国改革开放以来的城镇化模式基本上是政府主导的自上而下并兼有自下而上成分的城镇化发展模式。一方面随着家庭联产承包责任制的实施，一直以来压抑的农村生产释放了活力，激活了农村农民的生产积极性，从而在最大程

---

① 魏后凯．怎样理解推进城镇化健康发展是结构调整的重要内容［N］．人民日报，2005-01-19.
② 魏后凯，苏红键．中国农业转移人口市民化进程研究［J］．中国人口科学，2013（5）：21-29，126.
③ 周伟林．中国城镇化：内生机制和深层挑战［J］．城市发展研究，2012，19（11）：16-21+28.

度上解决了农户的温饱问题，并随着农民积累的增多，进一步促进了农业农村的发展，在农业农村发展的基础上，逐步与城镇化建设形成一种有机互动。从这个意义上来说，当时的城镇化发展兼具自下而上的成分在里面，从农地制度来考虑，就是"农业生产经营制度创新是农村自下而上城镇化发展的逻辑起点"①。另一方面，当时由于家庭联产承包责任制的施行而激活农村生产活力促进农业农村发展并推动城镇化发展的自下而上发展起来的城镇毕竟是少数，更多的还是在政府政策背景推动下的自上而下的城镇化发展模式。比如深圳、广州等第一批对外开放城市就是在这样的政策背景下进一步推动城镇化建设和发展的。

细数改革开放以来中国的城镇化发展，可以宏观概括为以下三个阶段：

（1）1978～1984年。以党的十一届三中全会为起点，以家庭联产承包责任制为基础，推动经济体制改革的同时实现了城镇化的发展。这一阶段也统称为城镇化建设恢复发展阶段。这一阶段农村在进一步的发展下产生了劳动力的剩余，这种剩余和经济社会发展状态下对劳动力的需求形成一种有机的互补，也由此，"在当时城乡二元分割体制下，农民自发建设小城镇的积极性空前高涨，诞生了一大批小城镇"②。但是这种小城镇的建设更多是基于当时的政策背景。比如在"1980年全国城市规划工作会议提出'控制大城市规模，合理发展中等城市，积极发展小城市'的城市发展方针"③之后，国家逐步放宽对城镇进入的条件，使城镇数量大幅度增加，在一定程度上提高了城镇化率。城镇化水平由1978年的17.92%提高到1984年的23.01%，年均提高0.85个百分点。

（2）1985～1991年。乡镇企业的兴起推动了农村人口向乡镇集聚实现城镇化水平提升。这一阶段也统称为城镇化建设的稳步发展阶段。这种稳步发展是基于当时包括经济特区、沿海开放城市、沿边开放城市一体化、多层次的对外开放格局形成之后，推动了市民由原来的离乡不进城改变为离乡进城，并逐步使城镇化在稳定基础上实现发展。城镇化水平由1985年的23.71%提高到1991年的26.94%，年均提高0.54个百分点。

---

① 刘传江，郑凌云. 城镇化与城乡可持续发展 [M]. 北京：科学出版社，2004：33.

② 陈锋. 改革开放三十年我国城镇化进程和城市发展的历史回顾和展望 [J]. 规划师，2009，25（1）：10-12.

③ 国务院批转全国城市规划工作会议纪要（1980-12-09）[R]. 中华人民共和国国务院公报，1980（20）：646-652.

（3）1992年至今。由于产业结构转型、社会主义市场经济体制建立、加入世贸组织等条件的改变，以经济开发区、工业园区、建制镇增多，吸引外资水平提升为这一时期城镇化发展的主要特点，也推动了城镇化的高速发展。随着国家开放力度的进一步加大以及各级城市在土地财政积累的基础上的平面式扩张，配合招商引资力度的加大和撤县设区的推进，逐步推动城镇化的迅速建设和发展。截至2017年底，我国城镇常住人口81347万人，比上年末增加2049万人；城镇人口占总人口比例（城镇化率）为58.52%，比上年末提高1.17个百分点①。不过总体而言，近几年无论是城镇化率还是户籍人口城镇化率都保持在1%左右的增长率，但随着城镇化率的进一步提高，由于边际递减效应，增长速度会在一定程度上减缓，与此同时，城镇化的质量会在已有基础上得到进一步提升。

（二）改革开放以来的城镇化：模式与动力

改革开放40年来的城镇化模式主要是政府推动下的"外生动力城镇化"，这种模式的持续性是值得怀疑的。理由有三：第一，地方政府依靠土地财政的"造城运动"，不可避免地会损害农民的利益；第二，现有农地制度和户籍制度大框架下，由于教育、医疗、就业等资源在城市的集聚，使人力资本向城市单向流动，不利于乡村振兴和农业现代化；第三，地方政府财政资金向城市的偏向导致农村基础设施发展滞后，加剧了城乡二元结构。

城镇化离不开资本积累，改革开放前由于资本匮乏，我国采取利用工农"剪刀差"为工业和城市发展提供融资的方式来谋取发展。改革开放后则是以国有土地和农村集体土地价值差异为基点，在地方政府主导下，以较低的价格征得农村集体土地，在转变为城市国有土地之后，利用产权转换后土地价值的价格"剪刀差"为城镇化建设提供资金支持。

"在集体土地所有制度下，国家虽然不是产权的主体，却是决定产权分配的主要力量。"② 如何征地、征地多少、怎么补偿，全是由政府决定。也就是说政府既是裁判员，又是运动员，这就提供了寻租的可能。集体所有的家庭联

① 我国城镇化率升至58.52%释放发展新动能［EB/OL］．http：//www.xinhuanet.com/house/2018–02–05/c_1122367393.htm．

② 吕之望．产权的保护和实施［D］．北京：中国社会科学院，2003.

产承包责任制解决了温饱问题，那么土地财政就自然解决了城镇发展的资金问题。政府拿出其中的一部分投资建设基础设施，改善人们生活福利。从这个意义上来说，家庭联产承包经营制度实现了某种意义上的帕累托改进，实现了国家、农户、集体三者之间的利益平衡。尤其是 20 世纪 90 年代以来，随着简政放权实施力度的加大，地方政府拥有相对以往更多的权利，也成为城市发展的主体。基于城市发展必然与产业发展有着天然联系，而产业发展又必然需要更多的资金支持，在没有更多资金支持的情况下，就需要招商引资，而要招商引资就需要相对于其他地方有更优美的环境、更好的交通、医疗等基础设施，必然需要更多的资金来支持，再加上以财政分权体制和以经济增长为目标，政府有更强的动力去融资，在所有的因素制约下，政府能控制的土地自然成为最好也是最大的融资资源。以土地的级差租金取得原始资金，再以此来发展工业园区拉拢企业进驻，发展房地产实现新一轮资金融入，获得的大规模土地也可以进一步实现经济学上的规模递增效应。

（三）改革开放以来城镇化模式的历史合理性

过去 40 年的城镇化进程积累了丰富的实践经验，也出现了诸如苏南模式、温州模式、珠三角模式、胶东模式、六里坪模式等基于内生动力的城镇化模式。在这种城镇化模式中，由于城镇规模扩张，城乡结合部的农村自发融入城市，享受到了城市发展的红利。这种模式为城市大量农民工的市民化提供了基本的场所和公共服务，为下一步城镇化提供了缓冲地带和蓄水池。相较于政府推动的外生城镇化虽然速度相对较慢，但是具有其存在的价值和发展的生命力。

纵观 40 年来城镇化进程，我们会发现，优先发展城市特别是大城市，加速我国城乡经济结构调整。如果我们把"农民工"解读为以农民的身份来从事工人的工作，那么过去的城镇化实际上是政府制度供给（农地制度和户籍制度）约束下的外生型城镇化，城市与农村的要素流动基本上是单向的，这样的城镇化缺乏自发的内生动力和可持续性。这种城镇化模式虽然具有历史局限性，但却是符合我国所处的发展阶段和特殊国情的。局限性主要体现在内生动力的缺乏和"政府成绩"驱动下城市的过度开发，极有可能影响未来新型城镇化的发展基础；合理性则主要体现在城镇化率的提高配合了快速工业化的进程，城市的公共服务和基础设施在短时间内赶上甚至超过了某些西方发达国家。

　　总之，中国过去40年的城镇化发展模式与西方发达国家由工业集聚推动的城镇化有所不同。西方国家的农村人口基于对城市和就业的向往而涌向城市，而我国的农地制度和户籍制度的存在，在城镇化进程中并没有重蹈发达国家城镇化的覆辙。就这一点而言，我国过去40年的城镇化模式具有其历史合理性，政府推动的外生城镇化模式主要有两方面的优点：第一，党的十一届三中全会以来，农村基本经营制度——家庭联产承包经营责任制确立，这一制度创新为此后我国各领域的改革奠定了基础，为工业化和城镇化的快速推进，以及在此基础上建设社会主义现代化强国提供了基本动力。在农村土地集体产权制度下，城市向边缘扩张的成本大大降低了，快速的城镇化为工业化的推进提供了基础设施和基本要素，为我国的赶超发展作出了贡献。第二，地方政府推动的快速城镇化，在快速完成大量基础设施积累的基础上，使我国地方政府在短时间内积累起大量的现代城市管理经验，为此后城市发展的"软件"升级提供了基础。

第六章

农地制度变迁与城镇化的互动演进

中国过去 40 年的城镇化取得了举世瞩目的成就，以常住人口为指标，中国城镇化率由 1978 年的 17.9% 提高到 2017 年的 58.52%，平均每年提高 1.01 个百分点，远高于 0.41% 的世界年均水平。根据国家统计局的数据，2016 年城市常住人口 7.9 亿人，相对于 1978 年的 1.7 亿人，增加了 6.2 亿人，平均每年增加 1550 万人。"世界城镇化率由 30% 提高到 50% 用了 50 多年，而中国城镇化率从 1996 年的 30.5% 提高到 2010 年的 50.0%，仅用了 14 年。"[①] 而这一成绩的取得很大程度上与农地制度密不可分。城市发展需要土地，必然涉及土地产权，以家庭联产承包责任制为基础的农地产权制度，在实现了农业增长的同时，很好地配合了城镇化推进。有学者做过估算：1978～1984 年中国农业产出增长 42.23%，其中家庭承包责任制改革的贡献约占 46.89%。[②] 在进入 2000 年以后，无论是城镇数量还是城市建设和管理水平都有了显著的提高，以京津冀、长三角、珠三角为代表的城市群迅速崛起，实现了城市之间资源、人力、科技等的良性互动，有力推动了我国经济的发展。在这个过程中，农业人口从第一产业大量转移到第二、第三产业，大大提高了我国的全要素生产率，农民生活水平也显著提高，农业的规模化经营和现代化都有所突破。

周其仁（2010）从制度分析的视角提出，"改革开放后中国'经济奇迹'得益于大幅度降低的制度成本"[③]，中国的农地制度变迁与城镇化的互动演进

① "三农"领域治国理政新思想新实践——研究阐释以习近平同志为总书记的党中央治国理政新思想新实践笔谈 [J]. 中国农村经济，2016（10）：2.
② 林毅夫. 制度、技术与中国农业发展 [M]. 上海：上海人民出版社，1994：25–40.
③ 周其仁. 中国经济增长的基础 [J]. 北京大学学报（哲学社会科学版），2010，47（1）：18–22.

从一定程度上验证了他的论断。我们如果把经济看作一个复杂的制度系统，那么只有各子系统实现匹配效应，才能实现整体经济效率的提升。同样的，中国农地制度变迁也符合波斯纳法则（posner's rule），即改革开放40年来农地制度变迁在中国整体经济改革的视角下是遵循最小交易成本原则的。

一、农村土地集体所有制为农民提供了基础保障

（一）农地作为一种多功能保险机制

农地作为一种多功能的保险机制主要体现在外出务工为城镇化推进作出巨大贡献的农民，在遇到不可预见的经济波动和风险而丢失工作的时候，农民可以回到家，作为经济不景气下的一种缓冲，而不至于流离失所和无家可归，进而产生更大的社会风险。随着工业化和城镇化的推进，农村富余劳动力向城市迁移，而经济周期的存在和就业市场的波动，必然导致就业率的周期性波动。在这种情况下，拥有土地的农民在经济不景气时可以回乡务农，从而对城市的就业市场进行缓冲，也不会造成大量无业人口，降低城市管理的压力。农村土地实行集体所有制，貌似农地使用权的转让受到了限制，但正是这种限制为农民进城打工提供了最后的屏障，实际上农地承担了类似于失业保险的功能。现有的农地制度也是我国经济波动的缓冲带和稳定器，无论是对城镇化和宏观经济稳定都有积极意义。

虽然从经济学资源优化配置的角度考虑是不经济的，但是也正是这种不经济，为进城失败的农民提供了保障和支撑，有效避免了像印度等国家的大量贫民窟的出现。土地对农民的保障，结合医疗保险、种地补贴等，政策的配套和协调实现了农户的稳定基础。这从某种程度上，就弥补了我们当前实现不了的对所有农民建立像西方国家一样的完善的社保体系全覆盖的弊端。土地的这种保障功能在2008年金融危机后广大农民返乡提供的后盾保障方面体现得最为明显。同时，随着经济社会发展，国家也逐步放开了农户自身种什么作物的限制，种植自由和转包自由的实现使农地的保障作用越发凸显。并随着农地抵押、合作社、股份合作等的试点推进，农户在土地的使用权上逐步实现扩大化。

（二）农地制度与工业化、城镇化的协同发展

城镇化与工业化是推进经济社会发展过程必要的两个要素，一直以来城乡两元体制在一定程度上阻碍了城镇化的发展，但是我们不能否认在这个过程中创造的成绩以及为使工业化和城镇化同步发展而作出的不断尝试和努力，是我们朝向城镇化与工业化和经济发展的协调方向努力的结果。农地对国家工业化的贡献以国家对农村"只实行国家救济和社区互助为主的剩余式保障制度"①为回馈，与此同时，土地又"承载着农民的社会保障功能"②，这种保障与生俱来。家庭联产承包经营责任制实施之后，农民对土地有了充分的自主权，从而也有了更多的生产积极性。并且，农民对农地充分的流转权使其在转向非农领域时，也可以暂时把农地流转给同村需要的人或自己的亲戚，在自己需要的时候，再回来继续种植。这就缓冲了经济形势下对进城务工农民的失业压力，也自然稳定了社会的就业，提升了广大农民的幸福指数。并且，配合着当前国家实施的医疗、农业补贴、农地减税等政策，农民对农地价值的诉求更为强烈，也从而推动农地制度的演进并推动城镇化发展。在新时期通过采取免交农业税，提供农业补贴、科技下乡等方式为农民权益提供保障。同时，国家经济社会的发展成果又惠及农业农村，比如以城镇化、工业化的快速发展为农业发展带来先进的资金、技术，推动传统农业向现代农业转变，实现土地规模效益和农业效率，并提供更优质的种子、品种更好的家畜，以及更环保的化肥、农药，特别是机械化的应用，更是推动了农业发展，这样在工业与农业发展之间形成了互补及循环。在这个过程中，城镇的发展必然会惠及农村，使文化、教育、娱乐、社交、建筑风貌、生活水平等整体的变化和质量提升，进一步惠及农村人口。

二、农地制度弹性与快速城镇化

我们以农地承包期限为例来探讨中国农地制度弹性和改革的渐进性。中国

---

① 王佳慧. 关于土地制度与农村社会保障关系的思考 [J]. 前沿，2005（8）：218 - 222.
② 童星，赵海林. 影响农村社会保障制度的非经济因素分析 [J]. 南京大学学报（哲学·人文科学·社会科学版），2002（5）：13 - 19.

农地制度的承包期限历经了一个时间由短到长的渐进过程。改革开放之后，由安徽小岗村家庭联产承包责任制的成功及在全国形成的示范效应推动了农业农村发展，激发了广大农户生产积极性。出于一种探索，国家起初对农地承包期并没有作出明确规定，历经几年的发展和实践，国家发现，这种农地实践确实带动了农民增收、农业发展，解决了国家的粮食和温饱问题，基于此，国家综合考虑，在 1984 年，将期限延长至 15 年，并将农地的这种试验成果拓展到林业、畜牧业、渔业等大农业方面。为了进一步稳定农村土地市场，推动农业农村农民发展，到了 1993 年，又将农地承包期延长至 30 年，并将这一实践成果写进 1998 年修订的《中华人民共和国土地管理法》，以制度的形式确认和固定下来，并考虑到森林、草原、荒地等的具体情况，经过全国人大常委会的讨论，在 2002 年出台的《农村土地承包法》中提到："草地的承包期为三十年至五十年，林地的承包期为三十年至七十年；特殊林木的林地承包期，经国务院林业行政主管部门的批准可以延长。"① 并进一步补充，这些特殊资源的承包期可以根据情况适时申请延长期限。2017 年 10 月 18 日，党的十九大报告提到"保持土地承包关系稳定并长久不变，第二轮土地承包到期后再延长三十年"②。联系一路走来的农地制度变革，结合着不断延长的土地承包期，如果把延长时间加起来话，我们会发现农户对土地的使用差不多可以达到百年，从学术角度来看，已达到可以实现"永佃制"。但是我们进一步研究会发现，在该制度框架下农户对土地拥有的事实产权和法定产权是不一致的，即农户可以拥有对土地的长期使用，但是农地根据《宪法》《土地法》规定并不属于农户，这种法定产权与事实产权不一致的现象，正是制度弹性的体现，这和"在英国，土地虽然在名义上属于皇家所有，但它们却可以租赁给法人使用"有本质上的区别。一方面事实产权有助于激发农户的生产积极性，为农户生产生活提供有效激励，另一方面，法定产权，又给予国家在进行宏观谋划和推进具体决策时减少推进压力、阻力，这对于实现国家的政治、经济、文化、社会、生态文明包括在内的各方面的协同发展具有积极意义。同时这种富有弹性的制度设计有益于制度朝向无论决策者还是人民群众希望的方向变迁，这种变迁的结果又会强化决策者对这种富有弹性的制度制定，并应用在下一阶段的制度实践

---

① 胡康生. 中华人民共和国农村土地承包法释义［M］. 北京：法律出版社，2002：174.
② 习近平. 决胜全面建成小康社会夺取新时代中国特色社会主义伟大胜利［N］. 人民日报，2017 - 10 - 28（001）.

中。由此我们会发现经过几十年的发展，国家会根据形势和时代的变化，不断适时变更符合时代发展的农地制度，这种农地的制度变化又是始终在集体土地所有权的坚持和把握基础上的。联系到当前全国上下正在推进的农地制度确权登记，并作为当地政府一件中心工作来推进。比如在谈到土地确权问题时，"（原）国土资源部倾向于自愿的土地确权：经过确权之后，土地就是合法的，但是反之，未确权的土地也并不是非法的"①。这种富有弹性的制度实践，会给一项制度赢得更大范围内的社会认可提供充足的时间和政府观察期。

三、农地制度变迁与城镇化的协同演化

城镇化发展与农地制度变迁存在着互为因果的影响关系。按照城镇化的定义，城镇化发展主要体现为农村人口向城市的大量转移，而农村人口的转移，又必然和农地制度息息相关，由此，城镇化发展就与农地制度之间存在着一定的影响关系。可以说，前40年的城镇化发展，就是一部城镇化发展与农地土地制度变迁的历史。

城镇化发展自然对农民产生吸引，从而使更多的农民进城，"这一史无前例的大流动不仅打破了农民日常生活的地理边界，也打破了原有地缘组织和基于其上的关系，流动已成为影响当今中国农村社会变迁的一个重要因素"②。在各大城市尤其是北京、上海、广州等特大城市，会发现农民工群体是其中的重要一部分，也成为为经济社会发展做出巨大贡献的有生力量。随着经济社会发展，农民工的大量进城，符合经济社会发展规律，也同时为广大农村实现规模农业提供了可能。因为广大农民进城务工，就必然会产生一部分土地的闲置，土地的闲置就为土地规模经营提供了前提条件，从而为农业产业结构的调整和社会人员分工的优化奠定坚实基础。

在城市人口逐步增多的前提下，为了满足更多人口的生存、生产、生活，就自然产生了一部分农村土地当然首先是城郊土地成为建设用地的可能。成为建设用地，其农用土地与建设用地权利的不平等就自然显现了。集体农地制度下农户的排他性权利相对较弱，这和产权本质的排他性有着一定的关联。这种

---

① ［荷］何·皮特. 谁是中国土地的拥有者 [M]. 林韵然，译. 社会科学文献出版社，2014：129.
② 金一虹. 流动的父权：流动农民家庭的变迁 [J]. 中国社会科学，2010（4）：151–165，223.

弱的排他性也就自然造成了农地使用者在处理权上的相对弱化，就出现了农户利益受损的情况。作为农户最根本的保障的土地流失尤其是其中没有实现的公平补偿是土地制度存在的缺陷，也是推进农地制度变迁的根本动力。

整体上我们当前的农地制度是符合和适应国家建设和发展要求的，并且有力推动了城市建设和发展（林毅夫，1993[①]；Ho，2005[②]）。这正印证了诺思（2005）所指出的"制度之所以能够促进经济效率，是因为制度在减少交易费用上发挥了作用"。回归到中国农地制度变迁，就是每一次中国农地制度的变迁，都实现了对农户和政府的激励。比如在改革开放的初期，以家庭联产承包责任制为基础，减少了政府的监督成本实现了农户对土地使用的积极性，带动了农地增产、农民增收；以及2016年以"农地承包权、经营权、流转权"为主要内容的"三权分置"改革都很好地回应了社会要求变革的呼声。

产权运行的高效与否取决于产权制度设计关乎的相关主体的利益间的平衡，制度也在这关乎的相关主体之间的力量博弈下实现变迁。穆索勒（2009）指出，"权利的界定和行使决定了产权的价值"[③]，产权经济学家普遍认为，"每个人利用财产获利能力的大小，取决于其产权的实现程度。一般而言，产权界定越明确，财富被无偿占有的可能就越小，因此产权的价值就越大"[④]。即产权存在的意义在于降低交易成本，通过交易成本的降低来提高经济效率，但是这一理论在解释中国经济改革时遇到了挑战。从实践来看，当前的土地制度在推动城镇化方面，无疑是有效率的。因为，中国的城镇化率从改革之初的不到20%，在经过短短的40年发展之后已经接近60%。同时，在集体农地制度下的家庭联产承包责任制，带来的农业效率也是显而易见的，林毅夫（1984）的研究表明从改革开放初期到1984年，短短6年时间农业实现了46.89%的增长。这在世界其他国家乃至中国历史上是没有过的。尽管当时产生如此高的增长率是多方面因素使然，但是总体而言，它就是基于1978年的农地制度改革实现的经济效率。

随着经济的发展会出现各种非正式经济因素，也就是根据诺思（1994）

---

① 林毅夫. 制度、技术与中国农业发展［M］. 上海：上海人民出版社、上海三联书店，1993：25－40.

② P. Ho, Institutions in Transition：Land Ownership, Propertyrights, and Social Conflict in China, New York：Oxford University Press，2005：35－56.

③ Musole, M. Propertyrights, Transaction Costs and Institutional Change：Conceptual Framework and Literature Review［J］. Progress in Planning，2009，71：43－85.

④ 巴泽尔. 产权的经济分析［M］. 上海：上海人民出版社，1997：119－125.

的经典理论：制度分为正式制度和非正式制度，两者都共同作用于制度变迁。基于此，放在经济发展的影响因素下，就存在有正式经济因素和非正式经济因素。考虑到与产权的结合，无论正式因素还是非正式因素都依赖于其所影响下的交易成本。当正式经济因素所限制的条件过于苛刻时，非正式经济因素就会对正式经济因素产生挤兑。而当在不影响经济发展的前提下，正式经济因素降低至一定的条件，会更有利于吸纳非正式经济因素。纵观中国40年的农地制度变迁和城镇化发展就显然存在着两者此起彼伏的协调和平衡关系。当然，非正式经济因素出现的违背社会发展常理的东西必须要正式经济因素对之进行治理和优化。对于中国在时代发展条件下"小产权"房的产生及兴起就是正式经济因素对非正式经济因素的治理。

改革开放40年来，我国土地公有的性质从来没有变化过，所有围绕土地权益的创新形式也都是在土地公有约束下的具体表现，也即实现各相关主体之间利益均衡的产权表现形式。而中国幅员辽阔的地方也正滋生了在既有（集体所有制）约束条件下丰富的农地制度创新形式，并给予了试错的空间和表达机会。比如1984年山东平度开始的"按社区人口平分口粮田、按劳投标责任田"的"两田制"实践，实现了土地保障与生产功能的分离。山西吕梁20世纪80年代末"四荒地"使用权的拍卖，使闲置的自然资源和劳动力资源得以双重利用。湖南湘潭"生不增死不减"的农地承包模式在保障承包关系不变时实现占有权长久的"永佃化"等。这些实践都是在集体土地所有权下对土地使用权的进一步细分。基于此，国家在1993年以法律的形式确认了农户承包地30年不变的使用权，并在1998年以法律的形式确认。在土地流转方面，苏南以村为单位，家庭农村和村办农产，安徽阜阳"反租倒包"和河北临漳"承租反包"等地方的实践开启了土地使用权的活化，极具典型和创新意义。在稳定承包权、活化使用权的基础上，以广东南海为代表的土地资本化股份合作社实现了土地的有效流转和为规模化经营提供了条件。中国丰厚的历史底蕴和广袤的土地滋生了形式多样的土地制度创新形式。在此基础上，一个地方的发展和实践形式，在国家没有以政策或者法规形式确认的前提下，地方政府会基于对方的有效性进行学习和模仿，地方政府会结合自身禀赋优势进行创新性改造和转化。比如上面提到的河北临漳的"承租返包"就是对安徽阜阳"反租倒包"的学习和借鉴，各地区农地合作社的兴起都源于广东南海的土地实践，此后成都的城乡统筹改革和重庆的"地票试验"都有着很强的创新和示范意义。每一项制度的施行都有其必然的宏观背景和必然的缺陷，同时每一项制度的施行也必然联系着相关人的利益。基于各地区丰富的实践，也就自然产生了各种创新试验下不同的制度漏洞和需要政府填补的空白。所以，在各地区的创新基础上，或者说在利益的分享与竞争中，实现了农地制度的渐进改革和日臻完善。

进一步说，中国在农地集体所有制下，保障了中国土地和房地产市场能够积累大量的资本。有数据表明"2016 年土地出让金占财政收入比例超过 30%的省级行政区有 14 个，其中有 6 个省级行政区土地出让金的占比更是超过了50%"[①]，这种与经济学经典理论相违背的现实更加肯定了"复杂的制度变迁很大程度上是无意的、渐进的国家和社会相互作用的进程"[②]，结合中国改革开放几十年来取得的成绩，我们可以否定土地产权私有化的必要性了。因为，根据制度经济学理论，产权的不稳定很难保障激发相关责任人的生产和投入积极性，并且我们有足够的证据证明其中的必然联系，在中国的发展历程中，我们同样也有很多的例子能够佐证在过去几十年发展过程中集体土地所有制的正确性和符合历史性。进一步说，中国在过去几十年发展过程中取得的成绩，来源于集体土地所有制，也归因于集体土地所有制。集体土地所有制下的顺应"制度演化规律"的农地制度变迁，给基层充足的实践和检验时间，为制定和修订更为完善的制度提供了保障，同时也制约了尤其是中央政府的绝对权力，使其不会随意更改制度和发号施令，这就更加促进了政府在关乎农地制度设计和实施上的谨小慎微，因为在顺应"制度演化规律"的条件下，它根本无法判断哪项行为会不会或者多大程度上会触犯哪些人的具体什么利益，进而会致使可能的冲突爆发，它必须同时尽可能地考虑工业、农业、城镇化以及所涉及的很多人的利益，而作为有限政府，它又不可能考虑所有因素和顾及任何一方，只是说它的这次制度设计损害了尽可能少的人的利益，取得尽可能多的支持和拥护，在推进过程中遇到尽可能小的实施阻力。基于此，政府必须谨小慎微推进制度设计和制度实践。从这个意义上来说，过去几十年的飞速发展，我们也同样归因于富有弹性的制度设计，这种弹性的制度为政府推进制度改革提供了充分的论证和实践时间，也为制定出更加符合人民需求和国家需要的农地政策提供了基础和根本前提。

---

① 地方财政收入必须摆脱对房地产业的过度依赖 [EB/OL]. http：//news. focus. cn/wlmq/2017 – 08 – 15/11626891. html.

② Hsyek，F. A. Notes on the Evolution of Systems of Rules of Conduct. In：Studies in Philosophy, Politics and Economics [M]. Chicago：University of Chicago Press，1967.

四、城镇化作为农地制度变迁的推动力

"产权作为一种社会工具，其重要性在于能帮助一个人形成与其他人进行交易时的合理预期，它具体规定了如何使人受益，如何使之受损。"① 也就是说，相关主体获得权利的界定越完整，就更不容易在生产和交易活动中使利益受损，同时，如果一项权利不能获得利益，就自然会伤及其积极性，从而影响经济效率。家庭联产承包责任制的农地制度改革之所以会取得如此大的效益，就是因为"交足国家的、留够集体的、剩下的都是自己的"的利益分配能够实现人们自我积极性的发挥，而人民公社时期，缺乏奖罚的明确机制，大包干平均分的集体制度，农户一方面没有权利，另一方面投入与回报构不成必然的相关关系，基于此，就自然产生不了它应有的农地绩效。同时经济的发展程度也影响着产权结构调整。"产权不是指人与物之间的关系，而是指由物的存在及关于它们的使用所引起的人与人之间相互认可的行为关系。"② 也就是说，产权作为使用它的人与他人之间的社会关系，其"结构的变化会对权利主体产生不同的激励从而影响经济的发展；经济的发展决定社会关系的变化，市场经济的发展反过来会促进产权关系的发展"③。比如在改革开放初期，城镇化发展处于起步阶段，土地对于人们而言就是一种能够生产粮食维持温饱的基本要素，随着城镇化的发展，外出谋取生计比农业生产获得更多的利益，农村劳动力逐步减少，农地抛荒现象时有发生，随着城镇化发展对农业的反哺，机械化操作、规模化生产应运而生。基于这种形式发展条件下，农民对土地要素的需求和认知变化，国家也随之跟进政策调整，从严格的"不准买卖、出租、不准转让和荒废"到"鼓励土地向种田能手集中"，到现在的"自愿、有偿地进行土地承包经营权流转的权利""以转包、出租、互换、转让、股份合作等形式流转土地承包经营权"等，国家对农地的管制逐步放松。也就是说形式的发展，自然推动农地制度的变革，从而适应新形势下的利益关系平衡和调整。基

① 德姆塞茨. 关于产权的理论 [C]. 载科斯，等. 财产权利与制度变迁：产权学派与新制度学派译文集 [M]. 上海：上海人民出版社，1994：97-98.

② 菲吕博腾，配杰威齐. 产权与经济理论：近期文献的一个综述 [C]. 载科斯，等. 财产权利与制度变迁：产权学派与新制度学派译文集 [M]. 上海：上海人民出版社，1994：204.

③ 蔡立雄. 市场化与中国农村制度变迁 [M]. 北京：社会科学文献出版社，2009：145.

于上述分析，我们会得出从改革开放到现在农地制度历经了逐步占有、使用、收益到完全使用、收益、处分的权利。逐步实现农户对农地的权利完整化和完全化。这种完整化与完全化又与城镇化发展有着必然的联系。

五、城镇化过程中的征地拆迁与矛盾化解

城镇化发展必然需要大量的土地，就自然产生了广泛的征地拆迁。没有人愿意自己的土地被征走的，如此就产生了发展冲突的可能。改革开放以来，年均1.01%的城镇化增长速度却没有产生大规模的征地拆迁冲突，也就是说在过去40年的城镇化发展过程中，征地拆迁的矛盾冲突都是在可控制范围内的。这样就维持了整个社会的平稳过渡。这是城镇化发展取得一些成绩的原因及保障。

1998年修订的《土地管理法》第47条规定："征收土地的，按照被征收土地的原有用途给予补偿。征收耕地的补偿费用包括土地补偿费、安置补助费以及地上附着物和青苗的补偿费。""土地补偿费和安置补助费的总和不得超过土地被征收前三年平均年产值的三十倍""国务院根据社会经济发展水平，在特殊情况下，可以提高征收耕地的土地补偿费和安置补助费的标准"。2016年《中共中央国务院关于稳步推进农村集体产权制度改革的意见》提到"集体土地被征收的，农民集体所有权就征地补偿安置方案等提出意见并依法获得补偿"。

那么国家对于征收的土地又该给予怎样的补偿？是货币补偿？还是住房补偿？抑或是土地补偿？计划经济时候可以宏观调控下采取安置劳动力的方式实现就业和补偿，而在市场经济条件下，从当前的大部分实践来看，给予货币补偿占据了大多数。给予一次性的货币补偿，又自然存在着瞬间挥霍一空的可能性。如果是这样，农民失去最后保障的土地的同时，又失去了土地的保障功能，在生活没有着落的时候，自然会给社会带来压力。所以，针对这种情况，国家各地区也逐步探索出了留地安置、就业安置等多种形式。

纵观过去40年的城镇化发展，征地拆迁的冲突整体上是可控制的，当然我们不是说没有冲突，只是说这些冲突是可以控制的，并有序实现了城镇化的发展和农民利益得以保障的双赢。每年1.01%城镇化率的提高，伴随着每年以百万亩计数的土地征收，产生少量征地拆迁的纠纷在所难免，但整体上维持

了社会发展的平稳。细究其中的原因，我们可以从两个方面找到答案。一是被征收了农地的农民基本上得到了合理补偿。二是中国的农地制度为集体所有，而集体所有的农地，就减小了政府征收土地时的谈判成本。这就给工业化、城镇化发展提供了充足的有效时间，也带来了源源不断城镇化发展的土地供应。这在施行土地私有的印度、美国等，是很难实现的。城镇化的快速发展又推动了经济的飞速发展，政府也在这个过程中实现了城镇化发展的资金积累。资金积累的一部分用在政府项目建设，另一部分用在基础设施和人民生活福利待遇水平提升上。可以说，实现了城镇化的有序发展和永续动力。人民群众也在这个过程中，享受到了城镇化发展带来的制度红利。一方面兑现了党"人民群众对美好生活的向往就是我们的奋斗目标""全心全意为人民服务"的执政承诺；另一方面，人民尤其是近郊的失地农民由于城镇化的发展有了更多的就业机会，并同时要比更远郊的农民拥有了享受城镇化带来的医疗、教育、卫生等福利待遇的改善，切实推动了人民整体福利的提升。

细数征地拆迁矛盾增多的时期，我们会发现两个重要的时间节点。一个是1992年党的十四大的召开，市场经济体制改革起步，各种园区建立，而园区的建立又必然需要土地的支撑，经过改革开放十几年的发展，农民普遍解决温饱问题的前提下，农民对土地作为生产要素不再重视而作为增值要素契合着时代发展愈发重视起来了。再加上媒体传播工具的更新，人们获得信息的方便等等，使征地拆迁问题日益受到社会关注，这也更强化了失地农民"坐地要价"的动机和心理。另一个时间节点是1998年的国土资源部成立，土地有偿使用从此列入法律。从此以后的失地农民与政府的纠纷就更多体现在了货币补偿的价格上面了，这进一步说明农地制度与城镇化发展的相关关系。

第 七 章

中国农地制度变迁对产权理论的挑战

农业发展必定离不开农地，作为有着几千年农业文明的中国，尤其如此。所以，中国农业发展史也是一部中国农村土地制度变迁史。回顾过去 40 年的中国农地制度改革实践，我们发现，中国的农地制度改革对新制度经济学的产权理论构成了一个实质上的挑战，即主流的产权理论无法很好地解释改革开放 40 年来中国的农村土地制度变迁。因为它没有将中国的农地制度变迁与城镇化和工业化结合起来考察，即忽视了单项制度变迁之于整体经济的系统效益。

一、命题的提出：如何评价制度变迁的效率？

中国的改革始于农村，始于农地制度的变革。我们也可以这样说，农地制度变迁是中国改革开放伟大进程的一个缩影，因为农地制度改革所遵循的渐进性原则成为此后中国各领域改革的基本原则。"实践是检验真理的唯一标准"恰是评价中国农地制度变迁绩效的最好注脚。中国的农地制度改革是研究制度变迁的极佳案例，有关制度和产权的理论都将接受中国这场正在进行中的伟大制度实践的进一步检验。

如果采用"华盛顿共识"的标准，那么中国的渐进式改革是缺乏效率和不可持续的。这种具有强烈新自由主义特质的改革方案提倡一步到位的市场化和私有化，新自由主义经济学认为，私有产权是市场交易和有效配置资源的前提。然而，苏联和原东欧社会主义国家，在接受"华盛顿共识"之后，大部分国家经济长期陷入停滞，人均 GDP 甚至出现了倒退。无独有偶，接受激进市场化改革方案的大部分拉美国家也深陷"中等收入陷阱"，经济增速远低于之前的"进口替代"时期。这些事实表明，激进式的制度变迁有其内在缺陷。因为制度变迁是一个复杂的、相互关联的过程，我们应该将每一项制度安排都视为一个复杂制度体系（范如国、韩民春，2008）① 的子系统，即单项制度变迁会牵一发而动全身。基于制度的这种"互补性"（Amable，2000）② 特点，政府在推动制度变迁的过程中。一是必须遵循"最小打乱原则"，即制度变迁一定是渐进的；二是要遵循协同演化原则，即单项制度变迁与其他制度变革要相匹配。诺思（2005）③ 后期的制度变迁理论就特别强调渐进性，从长期来看，制度变迁主要受人们的信念（信仰）、意向性和文化（习俗）的影响。

我们在回顾中国农地制度变迁历程的基础上，指出其渐进式变迁的基本属性。认为这种制度变迁方式极大地保留了制度弹性，为下一步的制度创新保留了足够的空间。农地制度作为农村的基本经济制度，正是通过渐进方式的变革保持了农村的稳定，很好地配合了中国其他领域的改革④，是具备整体效率和符合适应性效率原则的。科斯的经典论文《社会成本问题》颠覆了庇古的"外部性理论"，开创了产权理论的新视野，此后经威廉姆森（Williamson，1965）、斯蒂格勒（Stigler，1966）、阿尔钦和德姆塞茨（Alchian，1965；Demsetz，1967；1972）以及巴泽尔等的进一步发展，逐步形成了现代主流产权理论。诺思（1973）认为，有效率的制度和组织是经济增长的源泉。具体到农地制度上，就是只有人们拥有土地，通过已登记的土地确权证明对土地的所有权，并且能够自由定价和转让土地时，土地的价值才能充分利用，才能实现土地的有效分配。⑤ 科斯（1994）认为："只要产权界定清晰，初始的合法权利的配置，哪怕是不合理或不公平的，也可以通过产权的自由转让来保证资源配置的有效性。"⑥ 在新制度经济学派的这些代表人物中，似乎

① 范如国，韩民春. 基于复杂性理论的和谐社会制度系统构建研究 [J]. 经济体制改革，2008（6）：32–36.

② Amable，B. Institutional Complementarity and Diversity of Social Systems of Innovation and Production [J]. Review of International Political Economy，2000，7（4）：645–687.

③ North D. C. Understanding the Process of Economic Change [M]. Princeton，NJ：Princeton University Press，2005.

④ 为工业化提供廉价的劳动力，为城镇化低价供给土地。

⑤ North，D C.，Robert，T. The Rise of the Western World：A New Economic History [M]. Cambridge University Press，1973.

⑥ R. 科斯. 社会成本问题 [C] R. 科斯，A. 阿尔钦，D. 诺斯. 财产权利与制度变迁：产权学派与新制度学派译文集 [M]. 上海：上海三联书店、上海人民出版社，1994. 2.

只有巴泽尔（1997）从动态的角度来理解产权："由于资产的多维属性使得资产的产权不可能完全界定清楚，产权界定是一个动态过程是逐步演化的。"[①] 我们认可"产权的一个主要功能是引导人们实现将外部性较大的内在化激励"[②] 的观点，但这种产权的效率观应该是置于整个经济系统的，而不是局限于单项制度的效率。中国农地制度过去 40 年的变迁，当然无法达到新制度经济学"产权界定清晰"的标准，但动态地看，农地制度的变迁方向无疑是符合这个标准的。如果再将其置于中国整体改革的大背景下，那么无疑是非常成功的。

1978 年党的十一届三中全会的召开拉开了中国经济体制改革的大幕，而在农地制度领域的家庭联产承包责任制则是这场伟大变革的第一块基石[③]。起基石作用的家庭联产承包责任制以及此后围绕着它而推进的农地制度变迁，却一直对新制度产权经济学提出挑战，也就是说新制度经济学关于产权的经典理论并不符合中国农地制度的变迁历史，或者说用新制度经济学的产权理论，并不能很好地解释以农地制度变迁为基础的中国 40 余年的高速发展，突出表现在中国农地集体所有制的论述方面。即中国的土地是集体所有，而这个集体按照西方新制度经济的产权理论是模糊的，因为没有明确到个体的描述和没有具体个体的制度确定，很容易产生"搭便车"、集体行动阻碍等问题，但国家在历次关于农地政策的调整中，始终没有淡化集体的描述；相反，通过文件、法规、条例等形式进行巩固。一方是用新制度经济学来预测和检验中国的发展不会有很大的经济绩效，另一方是"摸着石头过河"探索符合中国实际的发展方式，探索出一条顺应制度演化规律的农地制度变迁模式，产生了巨大经济绩效。两者相同的地方都是制度变迁，不同的地方是新制度经济学评价制度下的中国发展不应该这么快或者不应该有所发展，而现实是中国实践中的制度变迁推动了中国的迅速发展。中国农地制度变迁的效率该如何评价，如何沟通和解释新制度经济学与中国农地制度变迁两者在解释中国巨大经济绩效上的不同？

---

① 巴泽尔. 产权的经济分析 [M]. 上海：上海三联书店、上海人民出版社，1997：3，75，88.
② 德姆赛茨. 关于产权的理论 [C]. R. 科斯，A. 阿尔钦，D. 诺斯. 财产权利与制度变迁：产权学派与新制度学派译文集 [M]. 上海：上海三联书店、上海人民出版社，1994：97-98.
③ 闫海涛. 关于农村家庭联产承包责任制确立的过程 [J]. 鞍山师范学院学报，2001（4）：5-9.

二、农地制度渐进式变迁及优越性

中国农地制度变迁是在"摸着石头过河"中的渐进式变迁，这样的土地制度调整对中国农地制度与经济社会发展各要素的匹配产生着重要作用。细数中国农地制度的变迁，可以从 1979 年 9 月 28 日党的十一届四中全会通过的《中共中央关于加快农业发展若干问题的决定》开始，该文件在当时发展农业生产力的 25 项政策和措施中提到"人民公社、生产大队和生产队的所有权和自主权应该受到国家法律的切实保护，任何单位和个人都不得任意剥夺或侵犯它的利益"。1980 年中共中央印发的《关于进一步加强和完善农业生产责任制的几个问题》各省、自治区、直辖市党委第一书记座谈会纪要提出，"集体经济是我国农业向现代化前进的不可动摇的基础"。1982 年《全国农村工作会议纪要》提出"我国农业必须坚持社会主义集体化的道路，土地等基本生产资料公有制是长期不变的""在建立和完善农业生产责任制的过程中，必须坚持土地的集体所有制，切实注意保护耕地和合理利用耕地"。

在确定了集体土地所有制的基础上，国家逐步把对农地制度的调整延伸到依靠农地制度产生经济效益和进一步巩固确定集体经济制度方面。1996 年中央 2 号文件《关于"九五"时期和今后农村工作的主要任务和政策措施》提到"重视增强集体经济实力，使乡村集体经济组织更好地发挥其生产服务、协调管理、资源开发、兴办企业、资产积累等职能"。2002 年由第九届全国人民代表大会常务委员会第二十九次会议通过的《中华人民共和国农村土地承包法》第 2 条规定："本法所称农村土地，是指农民集体所有和国家所有依法由农民集体使用的耕地、林地、草地，以及其他依法用于农业的土地"，第 12 条规定："农民集体所有的土地依法属于村农民集体所有。村集体经济组织或者村民委员会发包的，不得改变村内各集体经济组织农民集体所有的土地的所有权"。2010 年中央文件《关于加大统筹城乡发展力度进一步夯实农业农村发展基础的若干意见》提到"力争用 3 年时间把农村集体土地所有权确认到每个具有所有权的农民集体经济组织"。2012 年中央 1 号文件《关于加快推进农业科技创新持续增强农产品供给保障能力的若干意见》提到："加快推进农村地籍调查，2012 年基本完成农村集体各类土地的所有权确权登记颁证。深化集体林权制度改革，稳定林地家庭承包关系。"2013 年中央文件《关于加快发展现代农业进一步增强农村发展活力的若干意见》提到"建立归属清晰、权能完整、流转顺畅、保护严格的农村集体产权制度，是激发农业农村发展活力的内在要求"。在 2013 年国务院办公厅《关于落实中共中央国务院关于加快发展现代农业进一步增强农村发展活力若干意见有关政策措施分工的通知》中对有关内容进行具体的细化和按照部门进行分工，比如关于"加快包括农村宅基地在内的农村集体土地所有权和建设用地使用权地籍调查，尽快完成确权登记颁证工作"的问题，由（原）国土资源部、农业部、财政部会同住房和城乡建设部、林业局等部门负责落实。关于"深化集体林权制度改革，提高林权证发证率和到户率"的问题，由林业局、国家发展改革委会同财政部等部门负责落实。关于"加快修订土地管理法，尽快出台农民集体所有土地征收补偿条例"的问题，由法制办、（原）国土资源部会同农业部、林业局、人力资源社会保障部、国家发展改革委、住房和城乡建设部、中央农办等部门负责落实。2014 年中央文件《关于全面深化农村改革加快推进农业现代化的若干意见》提到"在落实农村土地集体所有权的基础上，稳定农户承包权、放活土地经营权，允许承包土地的经营权向金融机构抵押融资"。

历经几十年的探索和实践之后，随着经济社会发展和农业、农村发展条件阶段的不同，国家在对农地制度的改革力度方面更加有力，同时也尤其突出对耕地红线的坚守、村集体资产的保护和人民利益的享有。2015 年中央文件《关于加大改革创新力度加快农业现代化建设的若干意见》提到"推进农村集体产权制度改革。探索农村集体所有制有效实现形式，创新农村集体经济运行机制。出台稳步推进农村集体产权制度改革的意见""稳步推进农村土地制度改革试点。在确保土地公有制性质不改变、耕地红线不突破、农民利益不受损的前提下，按照中央统一部署，审慎稳妥推进农村土地制度改革""健全农村产权保护法律制度。完善相关法律法规，加强对农村集体资产所有权、农户土地承包经营权和农民财产权的保护"。2016 年 10 月中共中央办公厅、国务院办公厅印发了《关于完善农村土地所有权承包权经营权分置办法的意见》提到"坚持和完善农村基本经营制度，坚持农村土地集体所有，不能把农村土地集体所有制改垮了""始终坚持农村土地集体所有权的根本地位。农村土地农民集体所有，是农村基本经营制度的根本，必须得到充分体现和保障，不能虚置""农村土地集体所有权是土地承包权的前提"。2016 年中央 1 号文件《中共中央国务院关于落实发展新理念加快农业现代化实现全面小康目标的若干意见》提到"稳定农村土地承包关系，落实集体所有权"。2016 年《中共中央国务院关于稳步推进农村集体产权制度改革的意见》提到"通过改革，逐步构建归属清晰、权能完整、流转顺畅、保护严格的中国特色社会主义农村集体产权制度，保护和发展农民作为农村集体经济组织成员的合法权益"。2017年中央文件《关于深入推进农业供给侧结构性改革加快培育农业农村发展新动能的若干意见》提到"落实农村土地集体所有权、农户承包权、土地经营权'三权分置'办法"。

三、顺应"制度内生演化规律"的中国农地制度变迁

在回答中国农地制度是"顺应内生演化规律"的问题上，我们在此将中国农地制度变迁进行简要回顾，以证实我们的判断。中国农地制度从承包期限上看，经历了一个承包期由短到长的渐进过程，从政策涵盖的土地类型来看，历经了从农地、林地、宅基地到牧区草原、承包地、建设用地，从种植业、林业到畜牧业、渔业范围逐步扩大的渐进过程。改革开放之初，由于安徽小岗村包产到户的开创性做法，使该村的农业绩效有了明显提升，最终使家庭联产承包责任制作为我国农村的一项基本经济制度得以确立。但一开始只是出于一种探索，甚至到了1982年的《全国农村工作纪要》中也只是强调了农地的集体所有制，而没有明确规定农户对土地的承包期限。在经历了最初几年的试验之后，由于家庭联产承包责任制极大地激发了广大农户生产积极性，明显提升了我国的农业绩效，出于保护农民积极性和农村稳定的大局出发，在1984年的中央1号文件《关于一九八四年农村工作的通知》中将农地承包期限明确为15年，同时，将农地的试验经验拓展到了林业、畜牧业、渔业等其他方面。1993年，为了稳定土地承包关系，鼓励农民增加投入，又进一步规定在原定承包期到期后再延长至30年，并将这条写进了1998年修订的《中华人民共和国土地管理法》。同时考虑到森林、草原、荒地等的具体情况，经过全国人大常委会的讨论，在2002年出台的《农村土地承包法》对草地、林地、特殊林木的承包期进行规定，提到"草地的承包期为三十年至五十年，林地的承包期为三十年至七十年；特殊林木的林地承包期，经国务院林业行政主管部门的批准可以延长"[①]，并提出，这些特殊资源的承包期可以根据情况适

---

① 胡康生. 中华人民共和国农村土地承包法释义 [M]. 北京：法律出版社，2002：55-56.

时申请延长期限。

到了改革开放 30 周年的 2008 年，在党的十七届三中全会上通过的《关于推进农村改革发展若干重大问题的决定》里面提到，"赋予农民更加充分而有保障的土地承包经营权，现有土地承包关系要保持稳定并长久不变"，并首次提出"搞好农村土地确权、登记、颁证工作"，此后，中央政府在林权（2009）、宅基地（2012）、牧区草原（2013）、承包地（2014，2015，2018）、建设用地和宅基地（2016，2017）等各类土地的确权、登记、颁证工作进行了详细的部署和推进，中国农地制度正朝着越来越明晰化的方向迈进。习近平总书记在党的十九大报告中进一步强调"保持土地承包关系稳定并长久不变，第二轮土地承包到期后再延长三十年"[①]，紧接着 2018 年的中央 1 号文件进一步指出，"落实农村土地承包关系稳定并长久不变政策，衔接落实好第二轮土地承包到期后再延长 30 年的政策，让农民吃上长效'定心丸'"[②]。

通过对中国农地制度改革的简要回顾不难发现，中央政府一直在根据经济社会发展的变化，以及农地制度实践过程中的经验教训，在不断地延长土地承包期，不断地拓展政策覆盖面，不断地明晰各类土地的承包经营权，最终以颁发产权证的形式加以巩固。历史地看，中国农地制度的渐进式改革，显然更符合制度内生演化规律，这种制度变迁方式不仅考虑了单项制度作为制度复杂系统组成部分特点，也考虑了制度的互补性，兼顾了制度变迁的整体效率原则和适应性效率原则，最大限度地保留了农地制度的弹性，为下一步制度演化和制度试验保留了充足的空间。

为什么说中国的农地制度变迁是对制度内生演化规律的遵循？因为"复杂的制度变迁很大程度上是无意的、渐进的，是嵌入在国家和社会相互作用的进程中的"（Hayek，1967）[③]。这正如诺思（2008）指出的那样，"在动态变迁的环境中建立和维持社会秩序曾是古老的社会两难问题，也仍是现代社会的一个中心问题"[④]。诺思进一步通过对苏联兴衰的历史分析来阐释制度演化规律，并认为"适应性效率需要一种制度结构，这种制度结构在面对非各态历经的世

---

① 习近平. 决胜全面建成小康社会夺取新时代中国特色社会主义伟大胜利 [N]. 人民日报，2017 - 10 - 28 (001).

② 中共中央国务院关于实施乡村振兴战略的意见 [N]. 人民日报，2018 - 02 - 05 (001).

③ Hayek, F. A. Notes on the Evolution of Systems of Rules of Conduct. In：Studies in philosophy, Politics and Economics [M]. Chicago：University of Chicago Press，1967.

④ 道格拉斯·C. 诺思著. 理解经济变迁过程 [M]. 钟正生等，译. 北京：中国人民大学出版社，2008：92.

界中普遍存在的不确定性时，将会灵活地尝试各种选择，以处理随着时间的推移不断出现的新问题。这种制度结构也需要一种信念结构，来鼓励和允许进行实验，同样也消除失灵"①。也就是说，正是中国农地制度的这种弹性，为"探寻何为良好的农地制度提供了多种可能性"②。因此，中国的农地制度改革是顺应了制度内生演化规律。

四、农地"三权分置"与制度效率

中国农地制度改革，如果从动态的角度看，实际上是一个农地产权被不断界定和强化的过程，这在中国关于农地制度改革的各种制度形式（文件、法规、条例等）中都有所体现。比如，1979年9月28日党的十一届四中全会通过的《中共中央关于加快农业发展若干问题的决定》提到"人民公社、生产大队和生产队的所有权和自主权应该受到国家法律的切实保护，任何单位和个人都不得任意剥夺或侵犯它的利益"；2002年由第九届全国人民代表大会常务委员会第二十九次会议通过的《中华人民共和国农村土地承包法》第二条规定："本法所称农村土地，是指农民集体所有和国家所有依法由农民集体使用的耕地、林地、草地，以及其他依法用于农业的土地"；2010年《中共中央国务院关于加大统筹城乡发展力度进一步夯实农业农村发展基础的若干意见》提出"力争用3年时间把农村集体土地所有权确认到每个具有所有权的农民集体经济组织"；2012年中央1号文件提到"加快推进农村地籍调查，2012年基本完成农村集体各类土地的所有权确权登记颁证"；2013年《中共中央国务院关于加快发展现代农业进一步增强农村发展活力的若干意见》提出"建立归属清晰、权能完整、流转顺畅、保护严格的农村集体产权制度"；2017年中央1号文件提到"落实农村土地集体所有权、农户承包权、土地经营权'三权分置'办法"。

通过对改革开放40多年的农地制度变迁的回顾，我们不难发现，中国的农地制度哪怕是在新制度经济学的意义上，产权主体是越来越清晰的，产权强

---

① 道格拉斯·C.诺思著.理解经济变迁过程［M］.钟正生等，译.北京：中国人民大学出版社，2008：138.

② 李宁，陈利根，孙佑海.转型期农地产权变迁的绩效与多样性研究：来自模糊产权下租值耗散的思考［J］.江西财经大学学报，2014（6）：77-90.

度也是在不断强化的。例如，2016 年颁布的《关于完善农村土地所有权承包权经营权分置办法的意见》和《关于稳步推进农村集体产权制度改革的意见》分别对集体进行进一步明确和权力细分。《关于完善农村土地所有权承包权经营权分置办法的意见》提到：（1）土地集体所有权人对集体土地依法享有占有、使用、收益和处分的权利；（2）农民集体是土地集体所有权的权利主体，要充分维护农民集体对承包地发包、调整、监督、收回等各项权能；（3）农民集体有权依法发包集体土地，任何组织和个人不得非法干预；（4）有权因自然灾害严重毁损等特殊情形依法调整承包地，有权对承包农户和经营主体使用承包地进行监督；（5）承包农户转让土地承包权的，应在本集体经济组织内进行，并经农民集体同意；流转土地经营权的，须向农民集体书面备案；（6）集体土地被征收的，农民集体有权就征地补偿安置方案等提出意见并依法获得补偿；（7）通过建立健全集体经济组织民主议事机制，切实保障集体成员的知情权、决策权、监督权，确保农民集体有效行使集体土地所有权，防止少数人私相授受、谋取私利。《关于稳步推进农村集体产权制度改革的意见》提到：（1）属于村农民集体所有的，由村集体经济组织代表集体行使所有权，未成立集体经济组织的由村民委员会代表集体行使所有权；（2）分别属于村内两个以上农民集体所有的，由村内各该集体经济组织代表集体行使所有权，未成立集体经济组织的由村民小组代表集体行使所有权；（3）属于乡镇农民集体所有的，由乡镇集体经济组织代表集体行使所有权；（4）就农村集体经济组织成员身份确认问题进行规定提出意见。概言之，中国的农地制度改革，一直是朝着产权更为明晰的方向努力的，这种渐进式制度改革的做法，充分考虑了制度的互补性，与中国经济各领域的改革相匹配，也是对"制度内生演化规律"的遵循。

第八章

农地制度变迁、工业化和城镇化的
协同演化机制

中国的基本国情是人多地少，人均耕地面积仅为世界人均的 1/3。早在 1995 年，莱斯特·布朗（Lester Brown，1995）就指出："中华人民共和国未来将面临严重的粮食短缺问题。"① 但是通过近几十年的发展，尤其是当前，学者们所预言的在中国应该出现的现象并没有发生；相反，中国在城镇化、工业化、农业现代化方面都取得了更为迅速高效的发展成绩；经济增长率连续几年排在世界前列，经济总量跃居世界第二位，对世界经济增长贡献达到 30%；作为一个有责任的大国逐步迈进世界舞台中央，召开了 G20 杭州峰会 "一带一路" 高峰合作论坛、世界政党大会等，这些似乎与学者们的预言完全相反。那么中国是如何做到在顺应 "制度演化规律" 条件下实现工业化、城镇化的协同发展，又是如何克服在此发展过程中与劳动、资本并列为三大要素中的土地所涉及的各方的复杂关系的？即 "中国是如何在缺乏正规的产权制度的情况下产生爆炸性发展的？②" 而这种发展又能否持久？土地制度变迁、工业化、城镇化之间又存在着怎样的协同演化机制？1998 年党的十五届三中全会通过的《关于农业和农村工作若干重大问题的决定》中提到的 "以农村的改革和发展推动城市，又以城市的改革和发展支持农村，这是中国改革的成功之路" 似乎可以帮助我们回答这个问题。

---

① Lester Brown. Who will Feed China? Wake-up Call for a Small Planet（New York：Norton，1995）.

② Peter Ho. In Defense of Endogenous, Spontaneously Ordered Development：The Institutional Structure of China's Rural Urban Property Rights, Journal of Peasant Studies, 2013, Vol. 40, No. 6, pp. 1 – 32.

一、农地制度变迁为工业化提供劳动力

快速的工业化发展，必然需要更多的劳动力参与，而更多劳动力参与从哪里来，主要基于两个方面的原因：一是谋生的推力。单纯的小农农业生产无法实现更为美好的生活，所以赚取农业收入之外的工资性收入就成为必然，基于此，对美好生活的向往推动农业人口转移到城镇，为工业化提供劳动力；二是城市的吸引力。城镇相对于农村有着完备的基础设施、公共资源和更为丰富的生活内容，吸引了一批又一批农村人口向城镇转移，在转移的过程中为实现工业化提供了劳动力。在这个过程中，农地制度变迁始终起着关键作用。

20 世纪 70 年代末在全国范围内推进的家庭联产承包责任制，实现了"两权分置"，即土地所有权和承包经营权的分置，这次土地制度改革，在伴随着改革开放后的城镇化推进过程，农民实现到城市中就业，从而农户在个体层面产生流动。在流动过程中，由于农户拥有足够的自主权和自由配置劳动力的权力，这就为农民提供了进入城市的可能，再加上改革开放后户籍制度的放松，就更加为已经在城市工作的农民提供了在城市留下来的机会和条件。随着经济的快速发展，附着在农地上的保障功能已不那么强烈，尤其是当前"三权分置"农地制度的出台，为农户以拥有承包权转让经营权的形式，实现在城市稳定地就业和工作，就更加激励了农户在城市的落户，进而为在新的历史时期推进工业化提供了充足劳动力。

从工业化和城镇化发展阶段的不同来看，附着在农地制度上的劳动力提供，在工业化和城镇化的初期，市场化程度不高，农民对土地溢价的预期十分有限，从而导致土地价格低廉，这大大降低了工业化和城镇化以及与之配套的基础设施建设的用地成本。同时，大量劳动力的进城推进了工业化和城镇化的快速发展，又使更多憧憬美好生活的劳动力源源不断向城市流动，这进一步为工业化提供了大量的廉价劳动力。在这个过程中，农地制度由"两权分置"变为"三权分置"，配之户籍制度的改革，为工业化的推进供给劳动力提供了坚强制度保障。

二、农地制度变迁为城镇化供给土地

新中国成立 70 余年，农地制度设计从产权角度来看，经历了市场化水平从低到高，地权由不稳定到稳定，制度愈发明晰的变迁历程。"得益于土地制度改革，农地市场经历了从无到有、从乡俗民约到司法监管、从熟人经济到逐步市场化的演进过程。"① 在中国共产党的带领下，开启了一条独具特色的农地制度变迁与城镇化发展道路。

农地制度变迁的历程为城镇化发展提供了低价供给土地的可能。从效率角度看，中国农地制度则经历了一个土地改革时期拥有效率但不公平，到人民公社化时期缺乏效率但相对公平，到家庭联产承包责任制兼顾效率公平②的变迁过程。拥有效率不公平的土地制度阶段，自然体现着对农民的剥削和低价为城镇发展供给土地；缺乏效率但相对公平的农地制度，必然不会产生快速度的城镇化发展。兼具效率和公平的农地制度，既为城镇化发展提供了土地，又无损于农民的利益，有力保障了城镇化的发展。

考虑中国城镇化的快速发展得益于以家庭联产承包责任制为起点的农地制度改革，家庭联产承包责任制之后的改革、确权登记办证改革和"三块地"试点改革为城镇化供给土地提供了可能。不论哪一种农地制度改革，农地集体所有的前提自始至终都没有改变，这是为中国城镇化推进提供土地的基本前提，保障了中国工业化和城镇化的迅速发展。在此基础上，我们推进的确权登记办证、"三块地"（即农村土地征收、集体经营性建设用地入市、宅基地制度改革试点）和后来的"三权分置"农地制度改革，都有力地推动了中国城镇化进程。并且每一次农地制度的改革都是为城镇化供给土地的制度调试。确权登记办证是在城镇化发展和市场化推进之后，在规范的条件下，为推进城镇化土地供应提供了明确的资产权证。"三块地"改革包括此后的"三权分置"农地制度改革，都是在市场经济发展到更高阶段、人民生活水平提高前提下制定的政策，符合时代发展和人民要求。总之，一路走来的农地制度改革历程，

① 丰雷，郑文博，张明辉. 中国农地制度变迁 70 年：中央—地方—个体的互动与共演 [J]. 管理世界，2019，35（9）：30 - 48.
② 朱有志，向国成. 中国农地制度变迁的历史启示 [J]. 中国农村经济，1997（9）：19 - 23. 肖军，高继宏. 我国农地制度发展的制度分析和思考 [J]. 农业经济问题，2000（7）：16 - 20.

为城镇化发展提供了供给土地的可能。

三、农地制度变迁、工业化与城镇化协同演化

通过短短几十年的发展，中国的城镇化率已逼近60%，农业规模化和机械化水平也有很大提升，不仅解决了十几亿人的温饱问题，更成为世界第二大经济体。那么"中国是如何在缺乏正规的产权制度的情况下产生爆炸性发展的？"（Ho，2013）[①]，先不论何·皮特对中国"缺乏正规的产权制度"这一看法是否值得商榷，但解释中国的"增长之谜"（中国经济奇迹）的确成为经济学研究的"圣杯"，制度解释、人口红利、非均衡发展等不一而足。要回答好这个问题，必须以系统和全局的视野来考察中国各领域的发展，无论是农村还是城市，抑或工业化，如果将三者割裂开来，都无法解释中国的发展成就。我们认为，中国的经济奇迹实际上是农地制度改革、工业化和城镇化之间协同演化的结果。实际上中国政府对此有清醒的认识，早在1998年党的十五届三中全会通过的《关于农业和农村工作若干重大问题的决定》中就提到，"以农村的改革和发展推动城市，又以城市的改革和发展支持农村，这是中国改革的成功之路"。

进一步说，中国遵循制度内生演化规律的农地制度改革，使制度实践和制度试验时间相对充裕，这为进一步的制度创新和制度调整预留了空间。在一个根本不确定性的世界中，制度和政策制定者不可能预见未来制度实践的诸多后果，制度变迁一定是一个适应性调整的过程。同时，由于制度的互补性导致了制度的复杂性，一项制度和其他关联制度之间的互动和调适，使整个制度体系成为一个典型的"复杂适应系统"（CAS），牵一发而动全身。因此，作为一个整体的经济系统，农地制度改革一定不是局限于农村和农业一隅，他必定会影响工业化和城镇化，而这种影响（或者称为"系统效应"）可能会有两种截然不同的结果。一种是农地制度改革没有遵循制度内生演化规律，改革进度超前（或滞后），从而影响工业化和城镇化的进程，进而形成三者之间的负反馈机制；另一种是农地制度改革顺应了制度内生演化规律，并很好地配合了工业

[①]　Ho，P. In Defense of Endogenous，Spontaneously Ordered Development：The Institutional Structure of China's Rural Urban Property Rights [J]. Journal of Peasant Studies，2013，40（6）：1 – 32.

化和城镇化的进程，三者之间形成了良性正反馈机制，即协同演化机制。中国农地制度变迁是顺应制度内生演化规律的典范，在对制度内生演化规律的遵循过程中，实现与工业化、城镇化的协同演化。

概括起来，中国农地制度改革、工业化和城镇化的协同演化机制可以概述为两个阶段的正反馈机制：第一阶段，快速的工业化和城镇化需要大量的土地，在这一工业化和城镇化的初期，市场化程度不高，农民对土地溢价的预期十分有限，从而导致土地价格低廉，这大大降低了工业化和城镇化以及与之配套的基础设施建设的用地成本。而工业化和城镇化过程中的"库兹涅茨效应"又使农村劳动力不断向城市流动，这进一步为工业化提供了大量的廉价劳动力，工业化的推进又"带来了对农业的反哺，尤其是机械、电力、化肥、农药、良种和新型农技的推广，极大地减轻了农民的劳作强度，提高了农业产出"①。第二阶段，随着工业化的深化和城镇化率的提升，市场化程度随之提高，农民的产权认知也进一步加强。工业化和城镇化推高的城市土地价格也相应地提升了农民对农地溢价的预期，从而引致农民对提升产权强度的制度需求，中央政府适时进行制度供给，推动农地制度进一步明晰化。这就使农地制度制度改革、工业化和城镇化三者之间形成了一种协同演化机制（见图 8 - 1）。

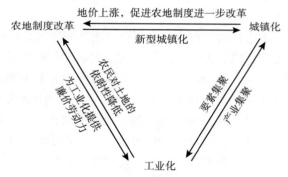

图 8 - 1　农地制度变迁、工业化与城镇化协同演化机制

---

① 贺雪峰. 地权的逻辑：中国农村土地制度向何处去 [M]. 北京：中国政法大学出版社，2010：91.

第九章

传统城镇化模式可否持续？

截至 2017 年底，我国城镇化率已达到 58.52%，但是户籍城镇化率只有 42.35%。放眼世界，按照城镇化评价指标体系和世界银行的有关统计，我国 1980 年的城镇化率只有 19.39%，和我们改革开放初期统计的 17.9% 相差不大，但是随着经济社会发展，统计差距与世界银行统计的结构之间是越来越大。再按照世界平均城镇化率进行横向比较，我们也同样会发现，在 2010 年之前，我国的城镇化率是低于世界平均城镇化率，我们再从城镇化推进时间与城镇化比较发达的美、日、韩进行对比，我们会发现，美国、日本、韩国完成城镇化的时间分别为 130 年、62 年和 30 年，"而中国若按常住人口城镇化率估算，我国 2030 年可达到 70%，基本完成城镇化至少需用 80 年。若根据联合国统计数据预测，到 2030 年我国城镇化率将达到 59%，到 2050 年达到 76%，按此标准中国基本完成城镇化需用 100 年"[1]。从增长速度来看，根据《国家新型城镇化规划（2014~2020）》《中国统计摘要（2013）》的数据显示，城市数量从 193 个增加到 658 个，建制镇从 2173 个增加到 19881 个，城镇常住人口从 1.7 亿人增加到 8.1 亿人，城镇化率从 17.92% 提高到 58.52%，年均提高超过 1.01 个百分点，尤其是进入 21 世纪特别是 2010~2015 年，我国的城镇化率更是以 2.4% 的增速进行提升。[2] 我们不能否认在过去几十年发展过程中，城镇化建设取得的巨大成绩，但是在这个过程中，依然存在着比如人口城镇化滞后土地城镇化、城镇化区域发展不平衡、环境污染、土地财政等很多问

---

①　赵永平. 中国城镇化演进轨迹、现实困境与转型方向 [J]. 经济问题探索，2016（5）：130 - 137.

②　魏后凯，王业强，苏红键，郭叶波. 中国城镇化质量综合评价报告 [J]. 经济研究参考，2013（31）：3 - 32.

题，这在以往推进城镇化的环境条件都改变的情况下，很难保证城镇化的持续发展，也就是说，过去的城镇化发展模式是一种不可持续的发展模式，具体而言体现在以下几个方面。

一、产权纠纷与征地困境

虽然我们成功地避免了在过去几十年发展过程中造成大规模农地纠纷，但是我们也不可避免地在发展过程中存在着一些纠纷。土地作为农民赖以生存发展的基础资源，加上中国人民浓厚的乡土情结，在遇到所拥有的土地被征收时必然会产生的纠纷。我们说过去几十年没有因为发生大规模的纠纷而阻碍城镇化的发展，并不是说在过去几十年的发展过程中就没有产生过农地纠纷。关于农民土地流失、土地纠纷，罗必良（2011）在探讨其原因时说了这么一个经典的观点，即"中国农地的流失是多项制度安排的结果。一方面由中国粗放经济增长方式的内在机制诱致；另一方面则由农地的产权制度决定。前者导致了农地流失的可能性，后者导致了农地被侵蚀的必然性。或者说，前者提供了农地流失的制度需求，后者提供了农地流失的制度供给"①。基于此，我们来分析我们当前的土地产权制度。

我们当前的农地制度的核心就是集体产权。集体产权下按照新制度经济学产权理论必然存在主体不明晰，缺乏激励等缺陷和困境。当然我们在上面的讨论中提到，正是由于集体产权为城镇化发展提供保障，但是随着全面依法治国的推进，人民法治意识和国家法治水平逐步提高，原有集体所有制约束下所产生的土地绩效、城镇化发展绩效已不复存在，我们需要找到一条能够进一步推进国家建设和发展的农地制度改革之路。宏观看来，农村集体产权制度存在的缺陷体现在以下两个方面。

第一，农村土地与城市土地存在较大级差，农民作为使用者分享城镇化利益机制缺失。农村土地与城市土地存在的级差起因于产权也必然归于产权，突出体现为产权的不对等。城镇化初期，大量的城郊土地被低价征收，又由政府和开发商建成商品房，获得远高于集体土地的利益。在这个过程中，也存在着

---

① 罗必良. 农地产权模糊化：一个概念性框架及其解释 [J]. 学术研究，2011（12）：48 – 56，160.

农地集体土地建成房子又用来销售而产权得不到保障的情况出现,也就是容易出现"农村集体土地自发或隐性变为建设用地并进入市场流通的现象,导致事实上的城市土地价格双轨制和隐性土地市场"①,这就更容易产生政府与集体、集体与集体、集体内部成员之间的纠纷。这就失去了土地作为一种本来的城乡发展有力资源和必要资源的本质。2016年农地"三权分置"改革之前,农地作为生产要素,从改革开放开始一直处于农地承包权和经营权的分离状态,也就是说,农户拥有承包或不承包土地的权利,也拥有种什么和怎么种的权利,但是对于农民与农民、农民与种植能手、农民与公司之间的土地流转和交易却存在着诸多限制。集体产权下延伸出来的产权不稳定导致了无论是农地的流转还是流转的接收都存在或多或少的顾虑。据原农业部的一项调查显示,"农地自发流转是从改革开放后1985年左右就开始了,但到2001年上半年,全国各省份的土地流转面积就占农户承包地总面积的5%左右(农业部软科学委员会办公室,2005),到2003年土地流转的规模很小也仅为4%~8%",2007年《物权法》颁布和2008年党的十七届三中全会文件出台后,土地流转迅速发展起来,2009年,流转地就占到了承包地的20%,发达地区达到了40%(张曙光等,2010)。而在这所有的农地流转中,农户与农户、农户与亲戚之间的流转又较为普遍,而在这所有的流转中,根据中科院农业政策研究中心(CCAP)的调查数据,至少60%的农用地流转发生在亲属之间,95%的流转合同都采用口头形式,期间固定的合同大概占比在10%左右(黄季焜等,2012)②,也就是说法律的确认并没有及时跟进。这更加剧了农业人口非农从业者土地抛荒现象的产生,也就自然限制了农地作为一种城乡统筹的要素在城镇化发展过程中利益获得的权利实现。

第二,城乡土地双轨制下巨大的级差利益产生土地财政需求,而土地财政又存在天然弊端。我国土地的所有权是集体,在科层管理体制下,集体又必然受制于更高一级的乡(镇)、县(区)、地(市)、省(区)层层管理,这就自然使国家成为土地的所有者和管理者,即便法律明确规定土地集体所有。但是集体又受制于国家。这种微妙的转换关系就使国家也可以说是政府成为土地的所有者和管理者。这样政府有用地需求,就可以直接征收,法律也有明确规

---

① 刘永湘,任啸. 农村集体土地自发入市及制度创新 [J]. 中国土地科学,2003 (3):24-28.

② 黄季焜,冀县卿. 农地使用权确权与农户对农地的长期投资 [J]. 管理世界,2012 (9):76-188.

定，一般政府的用地需求，大部分与开发商有着必然的联系，而开发商去征地必然是成本高昂的，为了减小成本，开发商作为经济人，自然会计算其中的利害矛盾，所以就首先与政府沟通，这个沟通的过程就提供了寻租的空间，也存在政府与开发商之间的谈判，比如政府要求开发商提供什么样的公共设施建设等，当然城镇发展也需要必要的基础设施建设和满足人民群众对美好生活向往的追求，开发商一般情况下都会同意，因为他获得土地后带来的收益要高出原农地的许多倍。然后以政府的名义与集体进行沟通，再以集体的审批使农用地成功转化为城市建设用地，转为建设用地之后，一方面改善了城市的基础设施建设，使城市更美丽，另一方面，也实现了由土地转化为财富增长的惊险跳跃。可以说是一举几得的事情。但是在这个过程，政府既作为拥有者，又作为审批者，通过把农地从农用转化为非农使用就实现了财富积累的机制，是一次性的。因为土地资源是有限的，这一届政府用完后下一届政府就没有了，只能朝向城郊，城郊用完了之后，再向外拓展，这样下去的结果就是"摊大饼"的城市发展模式，由于基础设施、工业化等没有及时跟进，造成城市发展的各种矛盾和问题出现。这和农民自己种植自己的土地，除去各项投入以及需要上交的部分之后剩下的就是自己的收益，也成为土地地租有本质的不同。政府作为开发商与农户之间的桥梁，通过管理、审批以及规划等一整套管理机制拥有征与不征，怎么征，征多少，征来的土地做什么，怎么就征地进行补偿，产生的利益怎么分配等权力，并通过其中由国家设置的"土地使用补偿金"，给予农民"土地征用补偿费"，地方政府收取的"土地使用出让费"等名目繁多的费（金）种，均衡各自利益，而这种利益的分配自然与谈判能力、博弈力量息息相关。这就会产生同样地段不同征地价格的情况，开发商、政府、农民不同的收益标准等情况。而在这个过程中，政府天然拥有绝对的谈判能力。基于此，政府为保证收益最大化，就会尽可能地压低其他各主体的利益，实现自身利益，由于其积累资金的快速度，通过土地获得的收益成为各个地方政府的融资手段，土地也因此成为地方政府的"摇钱树"，尤其在20世纪90年代财政分权之后。与此同时，也不可避免地产生了农地使用中的生态破坏、环境污染以及由此造成的部分地区的"癌症村"，而这部分农地使用中的非外部性损失除了社会承受的之外，其余基本由农民承受。

二、为城镇建设作贡献却无法充分享受红利的发展悖论

由于城乡二元体制结构，广大进城务工农民在为城镇建设和发展作出巨大贡献的同时，却难以真正融入城市，依然存在着完全成为城镇人口的现实阻碍，"土地仍然是他们心中的安全保障"①。一方面，快速的工业和城镇化，以及规模的扩张，使农用地的失去加速；另一方面，城乡二元结构使有能力在城市稳定生活的人，却又无法从而享有城镇化的教育、医疗等服务，没有使之成为真正的城市市民，即人口城镇化慢于土地城镇化。

以 2017 年国家统计局的数据为例，"城镇常住人口 81347 万人，占总人口比例（常住人口城镇化率）为 58.52%，比上年末提高 1.17 个百分点。户籍人口城镇化率为 42.35%，比上年末提高 1.15 个百分点"，无论是从城镇人口的增长率还是户籍人口的增长率来看，我们取得如此大的成绩确实不易，但是还有 16.17% 的人口在城市生活为城镇发展做贡献却无法真正享受到一个市民应该有的待遇和福利，这存在着明显的发展悖论。

农民无法充分享受城镇化发展带来的利益还体现在政府的政策制定方面。在国家对土地经营权进行严格管制的前提下，农民对土地的流转变得相对困难和想要接收农地的农户变得没有稳定的预期，自此农地的规模经济也就自然受到打击。并且，细碎化的农地经营形式，使采取规模经营的谈判成本极为高昂。对此，蔡继明（2005）认为："目前的承包制下集体享有所有权，农户享有经营权，使集体可以对作为集体一员的农户的经营权任意的干预，造成承包经营权不稳定。没有稳定的产权，农户就没有稳定的预期，从而降低了此种产权安排的制度绩效。"② 杨小凯（2002）认为，"中国家庭承包制的根本缺陷是发包方在法律层面上实际是空的，农户的产权结构所包含的内容很不完整，农户的出租、抵押、转让等权利受到来自国家和集体的很大限制，如任意缩短承包期，对承包的土地进行调整等，农户的承包经营权是一种极不完整的农地产

---

① 陈胜祥. 农民土地情结变迁的经济意义——基于 1149 份问卷的调查分析［J］. 青海社会科学，2012（6）：80 - 85.

② 蔡继明. 中国的现代化、城镇化与农地制度改革探析［J］. 经济前沿，2005（1）：7 - 10.

权，必然产生经营权不稳、土地流转困难等问题"。①

三、人口城镇化与土地城镇化不匹配

由政府主导推动的自上而下推进的城镇化发展模式下，"地方政府有很强的激励通过征收、出让土地及推动城市扩张的方式来增加地方财政收入和促进地方经济发展"②，也正是在这个过程中，政府出现了人口城镇化与土地城镇化之间的不协调。城乡二元体制结构制约下，其背后蕴含的教育、医疗、社会保障等福利待遇存在的诸多不平等又严重影响着人口城镇化的进一步推进。有研究显示，"在新增的城市建设用地中，以工业开发区为主体的生产建设用地、用于既有城市居民住房改善的生活用地（房地产用地）和商业用地等占据了很大的比例，却未能为进城务工的迁移人口提供足够的生活用地"③，基于此很多地方出现了"建成区空置、城市土地利用率低下，甚至诸如'鬼城'频现等城镇化失调的现象"④。同时，在我国土地征用制度所影响的报酬激励结构下也"使许多地方出现了农民的土地被城镇化了，而农民却未被城镇化的现象"⑤，由此加剧了"人口城镇化的速度滞后于'土地城镇化'的速度"⑥，也带来了"交通拥堵、环境污染、热岛效应、住房困难等'城市病'"⑦ 和"农地资源过快流失、生态环境遭受破坏、土地资源利用效率低下"⑧ 等一系列生态问题。其中比较突出的是"以城市建成区和工业发展区扩张为特征的土地城

---

① 杨小凯. 中国改革面临的深层问题——关于土地制度改革——杨小凯、江濡山谈话录 [J]. 战略与管理，2002（5）：1-5.

② Ran TAO, et al. Land Leasing and Local Public Finance in China's Regional Development: Evidence from Prefecture-level Cities [J]. Urban Studies，2010，47（10）：2217-2236.

③ 陶然，曹广忠. "空间城镇化""人口城镇化"的不匹配与政策组合应对 [J]. 改革，2008（10）：83-88.

④ 许芬. 中国人口城镇化滞后土地城镇化的根源——基于城乡间要素不平等交换视角的分析 [J]. 城市问题，2016（7）：12-17.

⑤ 陆大道，宋林飞，任平. 中国城镇化发展模式：如何走向科学发展之路 [J]. 苏州大学学报（哲学社会科学版），2007（2）：1-7.

⑥ 陈凤桂，张虹鸥，吴旗韬，陈伟莲. 我国人口城镇化与土地城镇化协调发展研究 [J]. 人文地理，2010，25（5）：53-58.

⑦ 崔许锋. 民族地区的人口城镇化与土地城镇化：非均衡性与空间异质性 [J]. 中国人口·资源与环境，2014，24（8）：63-72.

⑧ 严思齐，吴群. 土地城镇化与人口城镇化的非协调性和互动关系 [J]. 中国人口·资源与环境，2016，26（11）：28-36.

镇化进程显著快于人口城镇化进程"①。有研究现实，"2005～2013 年间，我国的城市建成区面积由 32521 平方千米增长至 47855 平方千米，年均增长率达到了 4.9%"②，而同时期"城镇常住人口数由 5.6212 亿增长至 7.3111 亿，年均增长率仅为 3.3%"③。同时也出现了"在过去长期形成的城乡二元结构未得到根本消除的情况下，又在城市内部产生了以农业转移人口和城镇原居民为主体的新二元结构，严重影响了社会和谐发展和城镇化质量的提高"④。

　　我们首先从城镇新增人口的结构来进行分析。据《中国城镇化质量报告》分析显示"中国城镇化质量指数与城镇化率之间的拟合直线斜率仅为 0.2922，城镇化率增加 1 个百分点，城镇化质量指数仅提高 0.2922 个百分点"⑤。具体到增加人员的构成，则主要体现在三个方面：自然增长、农村富余劳动力转移、城镇调整规划。城镇每年新增人口在 2000 万左右徘徊，城镇自然增长、高校农籍新增学生、城镇规划调整的新增人数分别在 300 万、400 万、800 万左右徘徊，而新增农民工则不确定，并有逐年人数下降的趋势。其中还存在着比如 1277 万⑥随迁子女没有被统计和非农人员到城市务工重复计算的情况。也就是说，当前的城镇化统计是存在着误差的，但是综合当前学术界的研究，有认为是偏高的也有人认为是偏低的，总体上认为偏高的情况更多。理由是：其一，"56.1% 的城镇化率是按照在城镇居住半年以上的常住人口计算得到的，而大量城镇流动人口只是被统计在城镇人口范围内，并没有享受和市民均等的公共服务，如果从市民化角度修正中国城镇化水平，真实的城镇化水平要比当前低 9 个百分点左右"⑦。其二，"目前统计出的城镇化率部分是各地通过行政手段扩大城镇面积的结果，这使我国城镇人口中包含有大量实际上的乡村人口，城镇化率数字有水分"⑧。其三，"从后发国家的经验看，在城镇化加速

---

　　① 杨丽霞，苑韶峰，王雪禅．人口城镇化与土地城镇化协调发展的空间差异研究——以浙江省 69 县市为例 [J]．中国土地科学，2013，27（11）：18－22，30．
　　② 国家统计局．中国城市统计年鉴（2014）[M]．北京：中国统计出版社，2015．
　　③ 国家统计局．中国统计年鉴（2014）[M]．北京：中国统计出版社，2015．
　　④ 魏后凯，苏红键．中国农业转移人口市民化进程研究 [J]．中国人口科学，2013（5）：21－29，126．
　　⑤ 高志刚，华淑名．新型工业化与新型城镇化耦合协调发展的机理与测度分析——以新疆为例 [J]．中国科技论坛，2015（9）：121－126．
　　⑥ 数据来源于《中国教育统计年鉴》．
　　⑦ 王晓丽．从市民化角度修正中国城镇化水平 [J]．中国人口科学，2013（5）：87－95，128．
　　⑧ 刘元胜，崔长彬，唐浩．城乡建设用地增减挂钩背景下的撤村并居研究 [J]．经济问题探索，2011（11）：149－152．

期，某些局部地区达到超过 1 个百分点的城镇化率提高速度是可信的，而全国总体上都达到了这种速度显然是脱离实际的，因此中国城镇化率不可能这么快地增长，城镇化率是被高估的"①。也有一些人认为中国的城镇化率是被低估了："由于一些地方存在着大量在就业、生活方式和居民点形态上具有相当城镇特性的人口存在，而在传统意义上的城乡二元结构标准下，这些人口并未被划入城镇人口。但如果把这部分已经具有相当程度的城镇特征，又尚未完全达到现行城镇人口统计标准的乡村地域上的人口计入城镇人口，则实际城镇化率将大幅提高"②。

人口城镇化慢于土地城镇化主要受制于以下几个要素的直接或间接影响。第一，城乡二元体制下，土地要素的不平等交换。政府作为协调农用土地转为城市建设用地的中间方，在城镇化既需要土地又需要资金的激励，又在中央财税分制的约束下，政府以城乡土地的不平等关系为基点，实现了推动城镇化发展的要求，但是随着城镇规模的扩大，维持城镇建设的资金永远有限，就存在持续征地的可能，再加上人们进城的有条件性（通常有一定技术或者具备一定眼光或者因为实在贫困被迫出去打拼）和户籍制度下城乡人口福利的不均等，使城镇人口数量永远达不到已实现城镇规模下的要求数量，土地城镇化与人口城镇化的不匹配日益明显。第二，城乡二元结构背后蕴育的教育、医疗、住房等不平等严格限制了城镇化的进一步扩大。有学者提出，"大部分'候鸟'式的农民工进入城市实际上并没有带来城镇人口的大规模增长"③。2014 年国务院发布了《关于进一步推进户籍制度改革的意见》提出将"取消农业户口与非农业户口性质的区分……建立与统一城乡户口登记制度相适应的教育、卫生计生、就业、社保、住房、土地及人口统计制度"④ 为根本标志，释放了户籍制度放松的信号，但是经过几年的发展，其背后蕴含着的相关利益并没有实现完全意义上的平等。有调查显示，"50% 以上的农民工子女不能在父母工作地入读公立学校，城市的公办教育资源远未能覆盖农民工子女入读的需求；农民工外出打工签订劳动合同的比例始终停留在 40% 左右，其劳动权益仍然难以

① 周一星.关于中国城镇化速度的思考 [J].城市规划，2006（S1）：32－35，40.
② 朱宇.51.27% 的城镇化率是否高估了中国城镇化水平：国际背景下的思考 [J].人口研究，2012，36（2）：31－36.
③ 李子联.人口城镇化滞后于土地城镇化之谜——来自中国省际面板数据的解释 [J].中国人口·资源与环境，2013，23（11）：94－101.
④ 国务院关于进一步推进户籍制度改革的意见 [J].当代农村财经，2014（9）：39－41.

得到法律的保障；在社保方面，农民工除了工伤保险的参保率与城镇户籍职工较为接近外，在养老保险、医疗保险、失业保险和生育保险方面的参保率均远低于城镇户籍职工"①。第三，劳动要素的不平等。有调查显示，"接近80%的农民工的受教育程度为初中及以下"②，这就自然限制了农民工的就业范围和收入水平。同时，城镇成本尤其是由于土地财政的推动人们基本生活要素住房价格的持续提升，使广大进城务工农户对于固定优质住所更是可望而不可即。第四，资本的逐利性加剧了城乡的不平等。"资本的逐利性决定了资本总是趋于向效益好、有安全保障的城市流动"③，由于农地权能的不完全导致其抵押、流转等变现能力有限，金融机构也出于风险的考虑，向农村的放贷又慎之又慎，繁琐的程序又使本来就没有多少文化知识的农户更是望而却步。同时，谨慎的农民，又大多将自己辛苦积攒的钱存在金融机构，这些资金对于广大农村人口而言，除非在碰上大病、进城购房等一些需要用到大额资金的地方才会去取出来，一般情况下，都存在金融机构用来产生利息（即便这些利息很低，但是农民看到钱放在金融机构，还可以额外多得，已经很知足了）。由于非农产业发展一方面需要资金支持，另一方面由于较高的获利机会和获利性又容易从金融机构获得贷款，由此，金融机构又将从农村融来的这些资金用在非农建设上，这就自然产生了"富者越富，穷者越穷"的现象。

四、农村空心化问题凸显

城乡之间的不对等关系从新中国成立以来都一直存在着，这种不对等具体到城镇化发展方面，就是国家长期以来采取工农"剪刀差"的形式来为城镇化发展提供资金、土地、劳动力等必需的要素，在改革开放前表现为农产品价格的低廉与工业产品价格的高昂，使农民付出几倍乃至几十倍的努力才能换取工业生产所需要的必要产品；改革开放后，则体现为农村土地经过政府的征收，实现了价值增值，而这种价值增值部分农民所得微乎其微；同

①　许芬. 中国人口城镇化滞后土地城镇化的根源——基于城乡间要素不平等交换视角的分析［J］. 城市问题，2016（7）：12 – 17.

②　吴晓刚，张卓妮. 户口、职业隔离与中国城镇的收入不平等［J］. 中国社会科学，2014（6）：118 – 140 + 208 – 209.

③　孟勤国. 物权二元结构论：中国物权制度的理论重构［M］. 北京：人民法院出版社，2009.

时，农民在城市微薄的低工资下为城镇发展做出巨大贡献，却享受不了城镇发展带来的教育、医疗等隐性福利。也就是说，在前40年的发展过程中，国家对城市发展的重视要远高于农村，后来国家提出了工业反哺农业，以城带乡措施来实现对农业发展的一种补偿，但是也不可避免地造成了农村的"空心化"。

从微观来看，农民进城是为了更好的生活，无论是为自己还是为家庭，就是努力赚钱，养家糊口，为老人孩子提供充足的家庭保障。随着城镇化的进一步发展和改革开放的进一步深入，国家逐步放开城乡二元体制，农民进城和回乡有充足的自由，但家里的老人孩子、家里的农地永远都是他赖以生存的需要牵挂的一部分。而正是这么一个牵挂，成为"长期以来我国工业发展可以发挥劳动力比较优势，且在客观上为我国历次经济危机提供软着陆基础的重要社会基础"①，也可以说，农村人口大规模流入城市而城镇却没有发生重大社会动乱，究其原因，重要的就在于广大农民工在农村还有一小块地可以作为最后的生命保障。② 随着城镇化的进一步发展，那些有能力在城镇定居的人，就带着自己的孩子到城市接受更为优质的教育，父母到城市享受更为便利的生活，但是户籍制度的限制，仍然使之要付出比城市人多很多的努力才能够拥有城市人与生俱来的福利和待遇以及生活资料。随着社会进步与发展，农村的人口越来越少，空心化现象也愈发严重，即"大量农村劳动力转移到城市，只剩下由老人、妇女和儿童组成的993861部队"③，空心化现象涉及农地的抛荒、宅基地的闲置、"农地大量被低效、无序利用"④ 等突出问题，也就是说"作为关键性要素的土地资源，在现行农村土地产权制度安排下不仅阻碍了农村经济社会的持续较快发展，而且导致了城镇化发展推力的减弱，甚至在一定程度上羁绊了城镇化的快速发展"⑤。所以基于此，统筹城乡发展让城乡要素实现双向流动，就成为一个重要的时代课题。

文化的传承和发展产生于人，也依赖于人，而空心化导致人口缺失的情况

---

① 温铁军. 莫让私有化摧毁乡土社会 [J]. 中国房地产业，2014（7）：34–36.

② 贺汉魂，夏明月. 城镇化背景下农民土地权益保障的道义边界研究——基于马克思劳动伦理观视域 [J]. 云梦学刊，2016，37（6）：34–42.

③ 刘爱华. 城镇化语境下的"乡愁"安放与民俗文化保护 [J]. 民俗研究，2016（6）：118–125，160.

④ 郭晓鸣. 农村土地制度改革的主要进展与基本态势 [N]. 人民日报，2010–06–25（007）.

⑤ 夏英煌，张家义. 城镇化进程中农村土地制度改革的构想 [J]. 中国地质矿产经济，2003（7）：14–15，47.

下，也必然"导致传统村落的迅速消亡"① 和传统文化的迅速湮灭。受制于城镇化初期对高楼大厦的推崇，传统村落与城镇文明格格不入，浮躁的发展会导致一些具有丰厚文化底蕴的乡村逐渐没落，而这些乡村正是承载中华五千年文明的主要载体。这种对文明、文化的侵蚀，对于城镇化的持续发展而言是非常可怕的，为此，我们已付出了沉重的代价。"唯有传统文明做基石，现代文明才得以累积、发展，没有传统文明就没有现代文明，两者是继承和发展的关系，而不是对立关系，不是替代关系，不是非此即彼的关系……中华文明的源头正是农耕文化，中华文明的摇篮正是古老的乡村，乡村是传统文明的载体和源头，乡村也是现代文明的根基和依托"②，随着时代进一步发展，以及人们逐渐受到了文明淹没的惩罚，结合历史上由于文明断层而最终消失的民族的事实，将传统与现代对立起来的思想已有所改变，但是依然或多或少存在，影响着传统文明在当代的传承和进一步发扬。

农村空心化又反过来制约着城镇的可持续发展。承载中华文化的农村由于人的减少而失去了进一步发展的活力，由于类似于城乡二元对立的传统与现代二元对立使承载传统文化的古迹、名胜消失殆尽，生活在城市的农村人享受不到与城市人一样的待遇，根本无法顾及亲情、乡音、习俗。对文化湮灭下产生的不可持续的发展方式需要我们进一步思考并提出合适的解决办法。

---

① 许叶萍，石秀印. 城镇化中的空间社会分层与中国机理［J］. 北京社会科学，2016（11）：85－94.

② 刘奇. 中国三农"危"与"机"［M］. 北京：中国发展出版社，2014：164.

第 十 章

内外互动型的新型城镇化

一、内外互动型的城镇化内涵及特征

（一）内外互动型城镇化的内涵

城镇化建设作为一项复杂的系统工程，既需要人的主动迁移，也需要城镇的硬件软件对新入城镇人口的承载和接纳；既需要充分发挥市场在资源配置中的决定性作用，也更加需要积极发挥好政府的协调作用，这就为内外互动型的城镇化发展模式提供了可能。党的十八届三中全会提出，要"坚持走中国特色新型城镇化道路，推进以人为核心的城镇化，推动大中小城市和小城镇协调发展、产业和城镇融合发展，促进城镇化和新农村建设协调推进"①。也就是说，随着我们城镇化的进一步发展，在过去几十年间的发展过程中隐藏的一些问题也逐步显现，比如过去城镇化都是靠政府外力作用来推动的，放在长远眼光视角下，这不是一种健康城镇化发展模式，而内外互动型城镇化发展模式可以有机地解决在以往城镇化发展过程中遇到的问题，充分保障人民群众在城镇化发展过程中的利益获得。概括起来，内外互动型城镇化发展模式即为群众自发推动并实现的内生型发展模式，这种发展模式以创新、协调、绿色、开放、共享为根本指导思想，以人的城镇化为发展核心，以自下而上推动为根本路径，以资源节约、循环利用为发展方式，以最大程度地使人民群众有更强获得感为发

---

① 中共中央关于全面深化改革若干重大问题的决定 [N]. 人民日报，2013 – 11 – 16（001）.

展目标，以形成东中西的协调发展为格局导向，推动从体制机制的改革上入手，并在保证政策的稳定性的前提下推动城镇化的建设和发展。

（二）内外互动型城镇化的特征

内外互动型城镇化具有以下几个基本特征：一是发展理念的科学性。以创新、协调、绿色、开放、共享为根本发展理念，将科学的规划前置，以绿色贯穿，着力实现东中西部城市以及农村与城市之间的协调发展，实现城市与城市、农村与农村以及城市与农村之间的合作发展，最大程度实现广大人民群众的获得感。二是发展目标的人本性。内外互动型城镇化发展无论是在城镇化发展的推进动力上还是城镇化发展的成果分享上都紧紧扣住"人"这一核心要素，不以牺牲农村利益来推动城市发展，也不以牺牲城市利益来推动农村发展，从根本上实现对人特别是进城务工又享受不到城市利益的群体的关怀。三是发展过程的协调性。一改以往发展过程中东中西、城市与农村的发展不协调状况，着力从城乡一体的发展方向着力，最大程度实现公共服务均等化，并坚持"一切为了人、为了一切的人、为了人的一切"的基本要求，从实现包容型、内涵型、质量型城镇发展入手，最大程度保证公平正义。与此同时，也从注重城镇的布局，实现城市与城市之间的协调。四是发展方式的集约型和生态化。党的十八大以来，以习近平同志为核心的党中央，强抓生态文明建设，在绿色发展方面走出了新路子，那么内外互动型城镇化作为引领时代发展的城镇化发展模式，在资源的节约和高效利用，以及在推进建设过程中的低碳和绿色进程方面也不会缺位。五是发展手段的智能化。随着经济社会发展，特别是互联网的广泛应用，智能化在推进城镇化建设进程中也日益发挥出重要作用，如智慧城市、物联网、云计算、大数据，等等，这些都是满足人民生活需求，又符合时代发展逻辑的城镇化发展内容。六是发展路径的系统性。城镇化建设是一个系统工程，不是纯粹意义上的人从农村到城市的移动，其必然涉及国土、住建、民政、财税、社保、环保等各个部门的通力合作，也只有在通力合作的条件下，才能够实现最大程度的城镇化发展。

二、新型城镇化的内生动力机制

（一）转变经济增长方式

历来我们都以地大物博自居，但人口众多的现实又使地大物博的现实被均分，以至到个人头上便成了微乎其微，并且历经几十年的发展，我们的必要资源已显得相对短缺，已经破坏的生态环境也不可能在最短时间内得到恢复，人力资本的提升、能源日趋减少等已成为制约我们发展建设的主要因素，而这些都是摆在我们每个国人面前的现实，这种现实必然要求在已有基础上去实现一种资源消耗少、环境污染小又能够实现可持续发展的发展模式。同时作为发展中国家，我们不可能原封不动采取发达国家走过的城镇化发展道路，我们也不能陷入西方国家的道德陷阱里面，按照习近平总书记的讲话要求就是我们要承担起与我们发展能力相适应的国际责任，以此来保证我们自己的城镇化发展以及城镇化质量提升。另外，我们正处在经济增长速度换挡、经济结构调整阵痛和前期刺激政策消化这三期叠加的经济发展新常态下，我们要进一步按照经济社会的发展规律，走出一条具有中国特色的内外互动型城镇化发展道路。我国的城镇化取得的成绩有目共睹，但是城镇化发展质量不高以及存在的比如环境恶化、人民获得感不强等问题也日益突出，这就必然要求我们去积极探索出一条适应我们发展的城镇化发展模式。

（二）调整产业结构

近些年来，党中央国务院都高度重视三农问题，连续 14 年中央 1 号文件涉及农业关乎民生。随着改革开放以来，持续近 40 年的发展告诉我们，我们的农业发展水平有所提升，特别是经济发达地区在机械化使用及推广方面取得突出成绩。但是也同时存在着失地农民基本权益得不到保障、城乡关系不协调、农村教育、医疗不能够在更大范围内与城市实现大致的均衡等问题。所以，从解决涉及人口占比最大的农民利益问题着手对于推进经济社会的持续健康发展至关重要。这在一定程度上，也是践行党全心全意为人民服务根本宗旨的一种表现，更是使广大人民群众有更多更强获得感的根本方式。在转方式、调结构的现实情况下，农业作为基础性支撑，对于第二产业的工业和第三产业的服务业起着根本性的保障作用。近些年来，我们也提出了工业反哺农业等惠农措施，但是从根本上解决三农问题还有很长一段路要走，作为吸收农村劳动力推进城市发展的城镇化进程，更需要农村提供积极支撑和保证，而这种城镇化发展不论是可持续的还是不可持续的，都离不开三农给予的支撑，从这个层面上来说，推进内外互动型的可持续化城镇化发展模式是解决三农问题的根本举措。

（三）贯彻新发展理念

走内外互动型城镇化发展模式，对新发展理念的贯彻落实是应有之义。创新是时代进步的根本动力，在这个崇尚创新的时代，必然是呼吁各个行业、各个领域的创新，也只有在各个行业、各个领域创新的基础上，才能够真正实现全民族的创新，所以将创新贯穿到内外互动型城镇化发展模式中，符合时代发展要求；协调是从整体上推动城镇化进程的根本举措也是发展方向。一是体现在推进过程的协调。毛主席在《党委会工作法》里面提到要学会"弹钢琴"的工作方法，并提出党委同志必须学好"弹钢琴"，弹钢琴要十个指头都动作，不能有的动，有的不动，要产生好的音乐，十个指头的动作要有节奏，要互相配合。那么在推进城镇化过程中也必然是各个部门以及全体人民群众的协调配合下的发展。二是发展结果的协调，也就是说通过大家的努力实现城市与城市、农村与农村、城镇与农村的协调格局；绿色是城镇化发展的应有之义，也只有倡导绿色的发展才能够保证城镇化的内生与可持续，才能够实现最大程度的集约和高效发展，才能够保证城镇化的发展质量，并提高城市对农村的辐射和反哺能力；开放主要是基于对各城市间在资源共享以及利益共享方面、共同协商推进城镇化有序发展的角度而言的。在经济全球化的今天，深度开放才能形成更为体系化的竞争格局，从而推动市场在资源配置中起决定性作用的地位形成；共享是城镇化发展的应有之义，城镇化发展得好不好、城镇化水平高不高不是单纯的数字能够说明和解释的，它更多要体现和落脚到广大人民群众更多的幸福感和获得感方面。

第 十 一 章

中国新型城镇化的现实路径

新型城镇化发展模式是一种内外互动型的发展模式，它是在新的城镇发展理念的指导下，更加注重人的协调发展，具有人文关怀的一种发展方式，参照党中央国务院对新型工业化以信息化带动工业化，以工业化促进信息化，走科技含量高，经济效益好、资源消耗低、环境污染少、人力资源优势得到充分发挥的工业化发展道路的定义，新型城镇化就着力体现在以人民为中心，注重内涵发展、质量提升，追求经济和社会效益统一，依靠科技进步和产业结构优化升级，实现城镇化集约、绿色、低碳、智慧发展，走的是资源集约、环境友好、功能完善、社会和谐、城乡一体、大中小城市和小城镇协调发展，新型工业化、信息化、城镇化和农业现代化同步推进的发展道路，实现一种自上而下与自下而上互动型发展模式。

一、制度设计与经济发展相匹配

(一) 制度的重要作用是使产出最大化

根据诺思的理论，政府是重要的制度供给主体，其基本目标体系之一就在于提供"一套能使社会产出最大化而完全有效率的产权"① 制度。以这样的理论来评判中国过去 40 年的农地制度与城镇化发展，发现在产权看似没有效率

---

① Bramwell B. Sharman A. Collaboration in Local Tourism Policy Making [J]. Annals of Tourism Research, 1999, 26 (2): 392 – 415.

的情况下，中国却实现了各方面的飞速发展。城乡二元体制使农村与城市居民产生了巨大的利益分享差距。在城镇化初期，由于经济发展、社会服务、城市容纳等方面的限制城市没有能力吸收更多农民工，这种制度是起一定作用的。也就是说，当时的制度与当时的环境是相匹配的。但是随着经济社会发展，在经济条件改变的情况下，21世纪的今天这些制度可能会成为制约城镇化发展的阻碍。我国初期的城镇化最明显的特色就是政府始终发挥着关键且不可替代的作用。我国政府主导型城镇化产生有其历史必然性，但在城镇化发展阶段走进新时代的今天，需要有自下而上的内生型发展动力。政府应该变革思路，充分给予市场发展空间和活力，提供好基本服务和制度设计，为城镇化的健康可持续发展提供良好的制度环境。

（二）　制度与经济发展相协调

制度与经济发展之间是相互影响及相互制约的，共同作用于国家经济建设和发展。随着城镇化的发展，当城市对农民产生强大的吸引力时，就会自动吸引更多的农民进入城镇，并带动城市商业、服务业、房地产等各方面的发展，而城市也要与此同时做出承接如此多农民进入城市的制度修改，制定适宜的城市发展策略，进一步推动社会各方面的协调进步。大量进城农户的农村土地宅基地也要采取适宜的政策，通过流转等形式，避免撂荒现象的发生，以此使农村发展与城镇建设相适应。

（三）　促进农地制度改革，推进城镇化

在大力实施乡村振兴的背景下，我们需要进一步在农地制度改革上大做文章，盘活优化农地资源，以此来助力城镇化发展。一方面在当前确权登记完成之后，进一步推进制证颁证工作，明晰使用权。另一方面，在坚持集体土地所有权的基础上，明确集体内的具体成员。在产生集体经济利益时，能够平等分配相关利益。基于此，我们推进城乡统筹，通过承包权的流转实现经济价值，确保农户取得实实在在的利益。

近些年来，有不少地方尝试推进的农地股份制改革是解决这个问题的一种途径。土地以股份的形式确认到各个农户，农户在进城务工之后，股份依然存在，可以通过转让的形式获得财产性收益，有利于实现农村集体土地的本身价

值。同样，在农村宅基地的利益和价值实现方面，低效闲置是很多地方都存在的问题。进一步探索实现农村宅基地的处分权和收益权，将极大改变当前大面积闲置的状况，当前不少地方尝试推进的"置换和挂钩"等措施，逐步发挥了一定作用。当然，回归到演化经济学的角度，任何一项改革都是牵一发而动全身的，基于此我们必须审慎推进相关领域的改革，具体到农地制度改革，就是在推进的过程中，要与户籍、社会保障、公共资源配置等方面的具体实际有机结合起来，以实现整体效率的最大化。

二、坚持以人民为中心，推进包容性城镇化发展

（一）坚持以人民为中心，着力破解发展悖论

中国共产党以全心全意为人民服务作为党的根本宗旨，党的十九大报告提到"人民对美好生活的向往就是我们的奋斗目标"。那么，推进城镇化作为民生工程和经济社会发展的重要组成部分，更加需要坚持以人民为中心。坚持以人民为中心推进城镇化，就必然要求破除当前由于体制机制的原因，那些为城镇建设和发展做出巨大贡献的农民无法享受到城镇化发展带来红利的发展悖论，就要尽可能地破除城乡二元体制的时代产物，使更多有能力有意愿进城落户的农村人成为真正的城市居民，推动城镇包容性发展。随着各地吸引人才力度的加大和相关政策的出台，各方面对有意向在城镇落户的人才的吸引力还是比较大的。这在某种程度上也实现了城镇化发展的包容性。

党的十八届五中全会上提出以"创新、协调、绿色、发展、共享"为主要内容的新发展理念，具体到城镇化发展方面，就是推动镇与城、大与小之间的有序衔接和有机协调，不断推动从城市到农村使人民充分享受到城镇化发展的利益。同时，城镇化发展要与乡村振兴有机契合。要通过对农地制度的改革，对利益共享的政策改革，对人才集聚的政策制定等等，协调推进城镇与农村的发展，把那些在城镇建设和发展过程中有益于农村的建设经验，不断吸收进农村发展中，推动农业农村不断繁荣发展，使农村成为人们向往的地方。各地区在发展城镇化的过程中也要与本地区的资源禀赋优势紧密结合，着力推动城镇化的特色化建设和发展，体现最大程度地对人的包容。在此过程中，要严

格按照 2016 年 10 月中共中央办公厅、国务院办公厅印发《关于完善农村土地所有权承包权经营权分置办法的意见》中提到的农地制度改革意见，落实农户承包权，放活经营权，切实实现进城农民权益最大化。

（二） 坚持新发展理念，推进包容性城镇化

在推进城镇化发展过程中，严格遵循开放包容、互利共赢和务实高效的原则，不断增进民生福祉，推动工人、农民、城市各方对城镇化的建设热情，共同推动城镇化的建设和发展。首先，我们要大力推动城市基础设施建设，充分利用"互联网＋"发展智慧城市，发挥智能技术在城市管理方面的积极作用，严格遵循"创新、协调、绿色、开放、共享"的五大发展理念，大力推动绿色城市建设，并充分利用城镇规划、设计等创新城市发展，让城市成为人们向往的地方。其次，要避免中小城镇发展的粗放、圈地等行为，要着力推动城市群的发展，以城市群的发展来带动农民工进城和城市与城市的协调、配合以及要素共享和互补。加强对中心镇城镇化的培育和以中心城市为圆心的城镇化、城市群的培育，走出一条均衡、高效和城乡共荣的城镇化发展模式。再次，加强社会治理，倡导政府与社会的平等合作关系和培育公民的自主性与社会的自治性，走出一条合作共治、高效民主的由动员参与到自主参与的社会治理之路。逐步剥离户籍所蕴含的隐形福利和各种权利，逐步实现公民身份的平等。最后，在涉及农地制度改革方面，逐步朝向农村土地与城市用地的权属统一、城乡用地同等开发的方向努力，探索实施广大进城农户带着资产进城的各种方式和途径，充分保障农民的自主选择权和利益获得权。公共服务和社会保障分批次分阶段逐步实现全覆盖。

提升城镇化包容性发展力度，也就是说政府在制定政策过程中，更多地让群众参与进去，吸取群众关于发展的好点子，结合政府自身的政策需求，推动更为人性化的城镇发展。政府采取包容性发展策略和制定包容性发展制度，集中精力提供优质均衡公共服务，推动农民工可以在城镇享受和城市居民一样的服务。切实破解为城镇发展做出巨大贡献却又无法享受城镇发展红利的发展悖论，进一步推动实现"人民群众对美好生活的向往就是我们的奋斗目标"的承诺，推动城镇化发展的包容性和可持续性，并以此吸引更多有能力的人进入城镇，推动城镇的进一步发展，实现城镇发展与人民利益共享之间的互动和协调。

三、以"互联网+"为切入点实现农业跨越式发展

"改造和提升农业产业链，是创新我国农业发展方式、实现农业现代化的重要途径"①，是实现农业跨越式发展的重要方式。"在'互联网+'战略的引领下，互联网与信息技术的应用在中国农业产业链变革中发挥着越来越重要的作用"②，其"依托现代信息技术通过对农业生产环境的智能感知和数据分析，实现了农业生产的精准化管理和可视化诊断"③，从而推动农业生产方式变革。随着经济社会发展以及互联网技术的普及，物联、互通、智慧成为农业发展的必然趋势，也成为现代农业发展的根本要求，更是实现乡村振兴的重要保障。互联网技术对农业全方位的渗入，为推动我国现代农业跨越式发展提供了重大的历史机遇，这也为"加快促进产业向高端化、信息化、集群化、融合化、生态化、国际化方向发展，进一步拓展延伸产业链、提升价值链、完善供应链，加快构建产业新体系，全面提高产业核心竞争力"④ 提供了保障。朱秋博等基于农业部农村固定观察点 2004～2016 年的农户数据和农村信息化补充调查，通过实证分析，得出"信息化发展对农户农业全要素生产率具有促进作用，这种作用主要来源于农业技术效率的提高"⑤，这就告诉我们信息化能够推动农业生产率提升，切实以"互联网+"实现农业生产率的提升。2017 年中央农村工作会议也专门就推进"互联网+农业"提出专门要求和部署，提到"走中国特色社会主义乡村振兴道路，必须深化农业供给侧结构性改革，推进'互联网+现代农业'加快构建现代农业产业体系、生产体系、经营体系，不断提高农业创新力、竞争力和全要素生产率"⑥，从经济学的视角来看，"互联网+"时代下为农业"借助大数据、物联网、云平台等信息科技对各类资源进行优化

① 成德宁，汪浩，黄杨. "互联网+农业"背景下我国农业产业链的改造与升级 [J]. 农村经济，2017（5）：52－57.
② 唐润，关雪妍，于荣. "互联网+农业"产业链协同平台建设 [J]. 中国科技论坛，2018（9）：121－127.
③ 胡亚兰，张荣. 我国智慧农业的运营模式、问题与战略对策 [J]. 经济体制改革，2017（4）：70－76.
④ 费洪平. 当前我国产业转型升级的方向及路径 [J]. 宏观经济研究，2017（2）：3－8，38.
⑤ 朱秋博，白军飞，彭超，朱晨. 信息化提升了农业生产率吗？[J]. 中国农村经济，2019（4）：22－40.
⑥ 中央农村工作会议在北京举行 [N]. 人民日报，2017－12－30（001）.

配置"① 推动农业转型升级提供了机会、条件和保障。针对"互联网 + 农业"能不能成为推动农业转型升级的关键力量，"淘宝村的兴起则展示了互联网信息技术改造农村社会的巨大潜力"②，为我们提供了良好的示范和引领作用。而以新一代科学技术实现农业跨越式发展即实现互联网与农业发展的有机融合是一项大工程，涉及公共部门、互联网以及农业自身的特点，需多方合作，共同发力，才能够真正实现"互联网 +"背景下的农业跨越式发展。

（一）　树立互联网技术意识

意识是行动的先导，首先需要拥有互联网意识。阮荣平等学者通过对全国1394 个新型农业经营主体的调查发现，目前新型农业经营主体已具备较好的信息基础设施条件，但是其信息获取意识不强，信息获取渠道比较单一，并由此导致新型农业经营主体信息需求与政府部门信息服务供给有些脱节，在信息获取过程中存在获取困难、准确性差、不够及时不能满足生产经营需要等问题，信息进村入户工程等政策措施的实施效果难以尽如人意③，这就充分体现了如果没有相关主体意识的增强，单纯的建强配优基础设施对于推动农业发展尤其是"互联网 + 农业"发展并不会有多大的作用。胡伦等学者通过运用贫困地区 793 份农户调查数据，考察互联网信息技术使用对农户收入影响的异质性及作用机制，研究发现，互联网信息技术使用会降低农户信息搜寻成本、形成较强价格效应，拓展市场参与范围、提升人力资本，进而达到增收效果④。这就体现了经营主体互联网意识的增强对推动增收的巨大作用，首先，加快培育与农业发展息息相关的经营主体的互联网意识，这对于农业技术化、智慧化发展来说十分重要，而互联网意识首先要立足实际，以空间与时间限制的突破来推进问题的解决。其次，公共部门中涉农单位与机构要加强互联网意识的学习培训，大力组织互联网知识培训班，积极宣传与传授互联网知识，培育各单位以及机构公务人员形成互联网思维、互联网意识，并以互联网思维和互联网

①　张伟．"互联网 +"视域下我国农业供给侧结构性改革问题研究 [J]．甘肃社会科学，2018（3）：116 – 122．

②　高彦彦．互联网信息技术如何促进农村社会经济发展？[J]．现代经济探讨，2018（4）：94 – 100．

③　阮荣平，周佩，郑风田．"互联网 +"背景下的新型农业经营主体信息化发展状况及对策建议——基于全国 1394 个新型农业经营主体调查数据 [J]．管理世界，2017（7）：50 – 64．

④　胡伦，陆迁．贫困地区农户互联网信息技术使用的增收效应 [J]．改革，2019（2）：74 – 86．

意识的提高来推动互联网技术与农业产业发展的融合。

"互联网＋农业"融合发展需要具有互联网知识技术、传统农业技能、农业互联网经营的复合型高素质人才。对于人才培养，目前主要采用吸引外来人才或本地培养两种方式。基于此，首先，通过优惠的人才引进政策吸引大学毕业生，比如高工资、高福利、配套基础设施、落户政策等。其次，大力培育本地人才。重点培养符合"互联网＋农业"发展要求的新农人。"新农人指的是有文化、懂技术、具有营销技能的农民，是随着智慧农业的发展而产生的新型农民。"① 新农人的培养要遵循循序渐进原则，因为我国的农民基数大、知识文化水平较低、思想意识重视程度不高，对待互联网等新兴事物的接受能力有限，因此，传统农民向新农人的转变需要时间、精力、技术等，不能一蹴而就，必须建立合理的培养机制，逐渐加强人们的互联网意识，以逐步提高现代化农业的发展水平。为了进一步推动互联网技术在广大农村地区在农业领域的广泛引用，还必须切实地以互联网技术推动农业技术革命，实现农业增产增收，只有这样，培育起来的互联网技术思维才更为长久和稳固。

（二） 加快现代信息技术在农业全产业链中的融合应用

随着经济社会发展以及互联网的逐步普及，"互联网通过技术渗透于传统产业逐步融合，催生了一系列新业态"②，也由此加快了现代信息技术在农业全产业链中的融合应用，推动农业发展，助力农民增收，成为当务之急。为了进一步推动现代信息技术在农业全产业链中的融合应用，这就需要首先着力构建起"互联网＋农业"发展模式，实现互联网从农产品种植到丰收、销售的全覆盖。

"农产品的营销管理能否搭上信息化的快车，基于网络进行农产品营销模式和营销策略的创新，是全球化背景下解决农产品流通难题、增加农民收入和提高产品市场竞争力的关键之一"③，具体而言，就是"依托互联网开放性、

---

① 龙江，靳永辉. 我国智慧农业发展态势、问题与战略对策 [J]. 经济体制改革，2018（3）：74－78.

② 郭美荣，李瑾，冯献. 基于"互联网＋"的城乡一体化发展模式探究 [J]. 中国软科学，2017（9）：10－17.

③ 王微微. 特色农产品互联网营销模式研究——以四川省为例 [J]. 农村经济，2018（10）：58－63.

共享性、去中心化的本质特征，利用大数据、移动互联网、物联网等电子信息技术精准、高效地完成营销的典型方式和手段"①，实现对销售渠道在互联网支持下的提档升级。提档升级的实现有赖于两个因素，"一方面，借助互联网实现对客户的精准寻找，并采取提前预订等方式，保障产品销路；另一方面，通过互联网参加各类交易会、展销会和推介会，切实提高产品知名度"②。基于此，就需要在互联网作为重要推动力的新时代下，大力开发农业多种功能、延长产业链、提升价值链、完善利益链，通过保底分红、股份合作、利润返还等多种形式，让农民合理分享全产业链增值收益。即"在'互联网＋'背景下，'智慧农业＋主导企业'与'农村电商＋农户计划'作为两种有效促进农业产业化升级的全产业链模式，为促进农业向其他产业延伸即推动三次产业融合增加农民收入提供动力和方向"③。实施农产品加工业提升行动，鼓励企业兼并重组，淘汰落后产能，支持主产区农产品就地加工转化增值。重点解决农产品销售中的突出问题，加强农产品产后分级、包装、营销，建设现代化农产品冷链仓储物流体系，打造农产品销售公共服务平台，支持供销、邮政及各类企业把服务网点延伸到乡村，健全农产品产销稳定衔接机制，大力建设具有广泛性的促进农村电子商务发展的基础设施，鼓励支持各类市场主体创新发展基于互联网的新型农业产业模式，深入实施农村电子商务综合示范，加快推进农村流通现代化。实施休闲农业和乡村旅游精品工程，建设一批设施完备、功能多样的休闲观光园区、森林人家、康养基地、乡村民宿、特色小镇等。对利用闲置农房发展民宿、养老等项目，研究出台消防、特种行业经营等领域便利市场准入、加强事中事后监管的管理办法。发展乡村共享经济、创意农业、特色文化产业。同时，可以采取政府引导的形式，将农村基础设施建设与特色产业有机融合，实现产业融合发展与人居环境改善、农民增收的互促互进。同时，针对我国农业还处在欠发达阶段的实际情况，"如何在可持续发展理念指导下，选择科学的、适用的发展模式，提升社会、经济和生态效益，是现代化农业发展的热点问题"④，"互联网＋生态农业"则提供了一条可持续发展的生态之

①　李爱萍. 山西省"互联网＋农产品"营销模式研究［J］. 经济问题，2018（4）：70－76.
②　罗晰，周业付. "互联网＋"背景下农业产业化创新体系研究［J］. 科技进步与对策，2017，34（24）：71－77.
③　魏晓蓓，王淼. "互联网＋"背景下全产业链模式助推农业产业升级［J］. 山东社会科学，2018（10）：167－172.
④　杜松华，陈扬森，柯晓波，蒋瑞新. "互联网＋生态农业"可持续发展——广东绿谷模式探究［J］. 管理评论，2017，29（6）：264－272.

路，对于推动农业转型升级有着积极作用，另外，根据解春艳等学者运用探索性空间数据方法分析互联网发展水平与农业面源污染空间关联性研究发现"互联网发展水平是影响农业面源污染的重要因素，互联网发展水平的提高能显著减少农业面源污染，对改善农业环境效果明显"①。在这个过程中，互联网因为其在"信息感知、数据传输、智能处理和优化决策"② 等方面的绝对优势，从而为推动现代农业服务业发展以及转型升级，进而为推动第一、二、三产业融合发展提供了动力以及条件保障。此外，大力发展作为"传统农业转型升级的重要载体与方向之一"③ 的休闲农业，不断以多业态、多方面、多角度融合，推动农民收入提升。

（三）切实推进"三农"综合信息服务

"'互联网＋'环境下农业服务业的创新发展是基于各类信息技术，对传统农业服务业在服务观念、服务技术、服务流程、服务产品、服务方式、专业化程度、服务市场等方面进行的变革与创新，以更好地将信息、科技、资金、人才等要素引入农业行业"④，这就要求在加快推进"农村"综合信息服务的过程中，政府部门必须充分发挥服务职能，做好立规矩、打基础、做后盾、强投资、优服务等各项工作。

一是完善相关政策。互联网技术与农业发展的融合仍处于探索阶段，结合法律法规具有滞后性、不完善性等现实情况，立法机关要积极收集民意，并组成专门的专家组商讨有关法律法规的补充、修改与完善。在政策制定过程中，要着力提高政策制定牵头责任部门的统筹协调能力。"互联网＋农业"涉及商务、农业、工信、扶贫等公共部门，要严格按照部门职责分工，加快各部门的职能转型。如果涉及与多部门职能相关的政策制定，就要多部门联合制定政策。利用互联网技术，大力推进农业领域金融支持，有助于实现资金流、信息

---

① 解春艳，丰景春，张可，薛松．"互联网＋"战略的农业面源污染治理效应研究——基于地理空间视角 [J]．软科学，2017，31（4）：5－8，14．

② 马晨，李瑾．"互联网＋"时代我国现代农业服务业的新内涵、新特征及动力机制研究 [J]．科技管理研究，2018，38（2）：196－202．

③ 谢安世．我国休闲农业发展演进及"互联网＋"转型研究 [J]．经济纵横，2017（6）：102－107．

④ 李瑾，郭美荣．互联网环境下农业服务业的创新发展 [J]．华南农业大学学报（社会科学版），2018，17（2）：11－21．

流和物流的统一，解决"业务成本高、抵押品不足、信息不对称"①等农村互联网金融问题，为实现整个农业价值链的增值和推动现代农业发展奠定坚实基础。要切实维护好电商平台的竞争秩序。"互联网＋农业"的运作方式主要是将农产品通过互联网平台与客户进行交易，很容易导致电商交易出现市场不公平现象。因此，要规范电商平台各个主体的市场竞争行为，防止不公平竞争行为带来市场垄断现象的出现，积极构建形成多主体合理有序公平竞争的市场环境，积极引导有特色农产品的地方围绕地方特色、产品特色构建特色产品电商平台，比如中药材、菌菇类等产品。通过对比国内外的电商平台，检验国内电商平台是否存在推广费过高、是否滥用市场支配地位等，如有相关情况出现，要尽快通过法律途径、政府手段进行反垄断调查，切实维护市场平等竞争的秩序。

二是增强基础设施和装备支撑。随着科学技术的发展，社会已经进入大数据时代、人工智能时代。互联网平台要紧跟技术的变迁，不断改进与创新，适应时代的发展。互联网平台要集农业生产、农业信息监测、农业市场管理、农业物流为一体。一方面要加快关键技术的研发。政府要通过购买公共服务的形式将互联网平台的技术问题交由专业团队打造，解决互联网平台及硬件设备"不好用、不能用"的问题。另一方面逐步开发植入农作物相关数据以及技术标准的物联网设备。以项目立项的形式，在条件成熟的地区，设立智慧农业推广项目，初期按照蔬菜、水果、地方特色作物等投资少成本小的农产品，由大型农牧企业牵头，加入相关领域专家作用，联合攻关将相关作物种植、生长、采摘、销售、保存等全过程信息制成标准技术参数，为接下来规模化生产提供坚实基础，国家或者当地政府也可以给予实现探索创新的企业和个人适当补助和奖励，有效推动智慧农业发展。

互联网技术的运用以及农业的发展都需要以先进智能的互联网平台为依托。首先，各政府部门要筹备"互联网＋农业"领导工作小组，为"互联网＋农业"的发展奠定组织基础。其次，互联网平台的运行与维护需要充足的资金支持，因此政府要在财政预算中设立专项资金用于互联网平台。必要时可以通过向银行贷款、购买公共服务等方式筹集资金，引入社会资本支持互联网平台建设。同时，互联网平台的打造不仅为政府服务，也要在不泄密的前提下向其他政府部门、公众、社会开放，避免信息孤岛、信息不对称情况的出现，

---

① 王刚贞，江光辉."农业价值链＋互联网金融"的创新模式研究——以农富贷和京农贷为例[J].农村经济，2017（4）：49－55.

提高信息数据的使用力与服务力。同时，政府部门也可以建立负面清单，明确不能公开的数据信息，避免信息泄露等风险出现。

三是建立质量保障机制。"互联网＋农业"在发展过程中可能会出现农产品质量问题，公共部门要通过必要的公共服务措施建立质量保障机制，把好农产品质量关。首先，向公众普及宣传农产品质量安全追溯系统。农产品质量安全追溯系统是保障农产品质量安全的重要依据，要引导和培育消费者使用农产品质量安全追溯系统标识产品的消费习惯。目前，农产品质量安全追溯系统应用于食品层面，非食品层面还尚未实施。对食品类的农产品质量安全追溯系统，可以分门别类，初期试验，稳步推广，从而实现从蔬菜到粮油、从小型经营主体到大型平台型公司必须有食品安全追溯系统二维码才能入市销售的全覆盖全贯穿全体现。其次，提高"三品一标"农产品认证效率。国家有关部门要打破"三品一标"农产品认证机构的垄断地位，凡是具有认证资格的公共部门均可以提供认证服务。最后，要加强对具有认证资格的公共部门的管理监督，一旦发现有虚假认证等违反规定行为的出现，永远取消其认证资格。

同时要确保农业信息安全。首先，利用互联网技术，如大数据、云计算、物联网、区块链等技术深入挖掘农业数据的潜在价值，并转化为具有价值的商业模式，提升智慧农业盈利水平。比如，在智慧农业销售阶段，使用大数据技术搜集潜在消费者的消费行为，并将其数据化。然后通过云计算技术分析潜在消费者的消费习惯与特征，将适合的农产品推荐给用户，增加智慧农业农产品销量。其次，发挥互联网技术企业在"互联网＋"中的作用，使用新型互联网技术保证农业信息数据准确与安全。比如，使用最新的互联网区块链技术，依靠区块链技术的可追溯特性，确保农产品来源可查，保证食品安全。依靠区块链技术信息不可篡改特性，确保在农业市场中不会传播虚假信息，保证农民利益。依靠区块链技术的去中介特性，减少智慧农业从生产到最终销售的监管，降低智慧农业农产品的成本。同时，基于互联网的新型农产品市场，改变了相对分散的市场格局，市场信息得以更加充分流通、共享，流通环节有效减少，市场参与者之间形成了较为稳定的信息沟通渠道，生产者、中间商面临着较传统农业场景下更高的违法机会成本，消费者、市场监管机构以及社会力量参与质量安全控制的机会成本降低[1]，从而使农产品质量安全得以更有效的保障。

---

① 沈艳斌，胡浩，唐炫玥. 农产品质量安全收益保障机制及"互联网＋"的影响效应 [J]. 湖南农业大学学报（社会科学版），2017，18（2）：17－23.

四是完善公共服务。农业农村现代化的关键在于科技进步和创新。要推进信息技术与生产、加工、流通、管理、服务和消费各环节的技术融合与集成应用，提升技术装备水平，完善农村互联网基础设施和物流体系，为农村第一、二、三产业融合发展奠定坚实的信息化基础①，而先进的信息网络、网络发达的公路网、完善的物流配送体系、高科技的智能冷库是"互联网＋农业"融合发展的重要基础设施。基于此，为进一步完善公共服务，首先，要加大对互联网、物流等基础设施的财政投入，避免因市场失灵导致的研究与投入不足，为农业创新发展提供一个整体保障的环境。邱海洋等学者通过对我国 30 个省份 2003～2005 年相关数据的实证分析得出"只有当互联网普及率达到 33.14% 以上，绿色农业创业才会显著促进乡村振兴，并且研究还发现，公共基础设施和农村固定资产投资能够促进乡村振兴"②。基于此，公共部门要加大互联网进村的基础设施支持与建设力度，并给予移动、联通、电信三大运营商一定的财政补助，支持并鼓励其在农村地区进一步提速降费，重点降低专线接入费用，减少农民上网成本。其次，在现在基本发达的农村交通已经为规模化、专业化、社会化的农业生产奠定了坚实的基础，逐步打通了农产品进城以及工业品下乡之间的天然壁垒的基础上，中央和地方各级政府要进一步加大对农村道路交通基础设施建设的投入力度，相关金融优惠要重点支持欠发达地区修建农村道路，突破"互联网＋农村"的道路建设瓶颈。另外，要着力建设完备的物流配送体系，积极构建"县有中心、乡镇有门店、村社有点"的快递物流配送体系，加快村邮站、快递超市、快递驿站、智能快件箱等邮政快递服务网络终端建设，如政府主导并鼓励淘宝、京东、顺丰等物流巨头走进农村，建立覆盖全中国的物流体系，破解农村特别是贫困地区物流"最后一公里"的问题③。鼓励地方政府对于冷库的智能化改造进行奖励补贴，同时要积极组建智慧冷链物流联盟。鼓励有条件的地区成立冷链物流行业协会，支持协会或龙头企业建立地区冷库和冷链车的实时数据库，精准对接冷链供求信息，提升冷链设施运行效率，降低冷链物流成本。鼓励地方将冷链车纳入农机补贴

① 余欣荣. 大力促进农村一二三产业融合发展［J］. 山东干部函授大学学报（理论学习），2018（6）：44.

② 邱海洋，胡振虎. 绿色农业创业与乡村振兴——基于互联网普及门槛效应的视角［J］. 西安财经学院学报，2019，32（3）：68-75.

③ 吴瑞兵. "互联网＋现代农业"助推精准扶贫的模式研究——基于社区支持农业视角的分析［J］. 价格理论与实践，2018（6）：134-137.

范围，降低冷链物流企业购车成本，促进生鲜农产品线上交易。最后，要进行税收优惠或资金补贴，帮助农民规避部分风险。如合理解决农业服务业企业在物流外包时的重复纳税问题，以税费优惠、财政补贴或以奖代补等方式鼓励农业服务业企业的创新与成长，以项目支持等方式支持优势企业的创新行为。总之，财政投资应该主要用于以下领域：宽带网络还没有覆盖的农村，道路还没有硬化的农村，涉农服务部门硬软件设施建设以及水平能力提升，涉农大数据平台，安全追溯服务系统，农村信用体系建设，原产地冷链物流建设等。

五是完善农村互联网金融服务。乡村振兴战略的实施，必然需要一大批有志于发展农村产业的新型经营主体来推动和贯彻，而新型经营主体在推进具体项目、实现个人想法的过程中，必然会需要更多的资金来加以支持，进一步说就是实施乡村振兴规划，必将产生巨大的金融需求①。而如何运用互联网思维、工具、技术来优化农村金融服务，并通过农村金融服务体系建设来促进互联网金融可持续发展，是一个重要的问题。② 从现实情况来看，广大农村地区，尤其是有几个关于农村金融的限制有望在互联网金融的背景下加以突破。一是农村居民相对来说存款量低，而如何给予农民贷款从银行角度来看就是其存款量的多少，这也是其最大还款能力，也就是说缺乏了大数据的支持，银行部门无法准确知道农户的授信；二是农村对金融机构的了解和金融机构对农民农业的认识都相对较低，这种信息不对称的情况下，出于安全考虑，农民不会主动去贷款，银行会更加审慎地对前来贷款的农民发放贷款；三是"中央并不直接控制金融机构，政策往往会遭遇选择性执行"③，即便中央对"三农"的金融支持力度是相对较大的，但是在具体执行的过程中，考虑到风险等各种因素，有些涉农服务并不会不折不扣被农民享受；四是农村抵押品的缺少，甚至几乎没有；五是由于思想不解放，视野不开阔等原因，部分农户对互联网金融产品的不信任。而植入互联网的金融业务，由于数据的全面性，对一个农民信用进行综合评估相对容易，并且结果也相对真实，同时，加入互联网的金融服务，项目相对较多，内容较为丰富，人民群众可以结合自身实际，选择自己感

---

① 何广文，刘甜. 基于乡村振兴视角的农村金融困境与创新选择 ［J］. 学术界，2018（10）：46－55.

② 程百川，金鑫. 关于互联网金融完善农村金融服务的理论思考 ［J］. 当代经济管理，2017，39（9）：41－43.

③ 董玄，周立，刘婧玥. 金融支农政策的选择性制定与选择性执行——兼论上有政策、下有对策 ［J］. 农业经济问题，2016，37（10）：18－30，110.

兴趣的金融服务，同时鉴于网上操作不受地域和时间限制，更加拓宽、加深、延长了金融服务业务。

四、完善农地制度，实现与工业化、城镇化的协同发展

进一步完善和细化"三权分置"制度，尽可能地带动和成长一批规模化经营的种粮大户，在城市用地紧张的情况下，通过种粮大户的带领，进一步引进和发展深加工企业，以此在带动村民发展的情况下，也吸引周边村民加入，并根据具体发展情况，将村与村之间进行兼并（在大量农村人口进入城镇造成农村空壳化的当前，为村与村之间的兼并提供了可能）。在兼并使人口增多的情况下，进一步吸引投资方对已经发展壮大的农村进行道路、工厂、医院、教育等基础设施建设，以此推动城镇发展。

（一）落实"三权分置"，实现农业规模化经营

要实现农业的规模化经营，必然需要农地要素市场的充分流转，而要实现农地要素充分流转，就需要对农地制度的进一步明晰。经过几年的发展，我国农地流转市场基本上得到了建立，但流转速度和效率却并没有相应提高。据全国人大常委会执法检查组关于农村土地承包法执法检查报告显示，截至 2011 年上半年，全国土地承包经营权流转总面积为 2.07 亿亩，占承包耕地总面积的 16.2%。2013 年流转率只为承包地面积的 26%，相对于农业劳动力的转移，农地流转一直处于滞后状态。"三权分置"农地制度提出"坚持农村土地集体所有权，严格保护农户承包权，加快放活土地经营权"，党的十九大报告进一步提出"第二轮承包期到期后，继续延长 30 年"。这都为开展农地规模化经营提供了可能。

农地要实行规模化经营，必然需要规模化经营主体。而规模化经营主体不只是投资资本进入农村，推动土地的规模化，更需要农业职业经理人的企业家精神，推动农业规模化经营取得实实在在的效益，更有赖于国家农业规模化经营服务主体的产生和发展。农地经营主体同时需要有农药农机等农业配套服务的主体共同协作，才能确保收益，实现现代化农业发展。

（二）推进农地流转，发展新型职业农民

农地通过流转向种田能手和种粮大户集中，实现农地规模化经营，对于推动乡村振兴战略下的农业现代化发展具有积极意义，能够有效推动工业化、城镇化发展。在乡镇、村两级农村设立预流转服务机构，与有意愿的农户签订预流转协议，公布地块承租价格等信息，在与种粮大户、农业专业合作社有意向的经营主体达成租地协议后，这些预流转土地就可以转为正式流转土地开展规模化经营。也可以在各地区搭建农村土地流转服务平台来推动土地有序流转和有效利用，为发展规模经营创造条件。

新型职业农民是指具有科学文化素质、掌握现代农业生产技能、具备一定经营管理能力，以农业生产、经营或服务作为主要职业，以农业收入作为主要生活来源，居住在农村或集镇的农业从业人员。

农业现代化要取得明显进展，必须加快构建现代农业产业体系、生产体系、经营体系。把农业发展方式转到依靠科技进步和提高劳动者的素质上来，关键是要培养爱农业、懂技术、善于经营的新型职业农民。按照18亿亩耕地的80%实现适度规模经营来进行测算，那么职业农民的总体规模大约需要五千万，全面建立职业农民制度，通过提升其综合素质、生产技能和经营能力，形成覆盖广泛的职业支持保障机制。

参 考 文 献

[1] 安虎森, 刘军辉. 农村土地产权制度改革与城镇化 [J]. 甘肃社会科学, 2013 (3): 202-206, 244.

[2] 埃里克·S. 莱纳特著, 杨虎涛等译. 富国为什么富穷国为什么穷 [M]. 北京: 中国人民大学出版社, 2010.

[3] 巴泽尔. 产权的经济分析 [M]. 上海: 上海人民出版社, 1997.

[4] 程百川, 金鑫. 关于互联网金融完善农村金融服务的理论思考 [J]. 当代经济管理, 2017, 39 (9): 41-43.

[5] 成德宁, 汪浩, 黄杨. "互联网+农业" 背景下我国农业产业链的改造与升级 [J]. 农村经济, 2017 (5): 52-57.

[6] 陈锋. 改革开放三十年我国城镇化进程和城市发展的历史回顾和展望 [J]. 规划师, 2009, 25 (1): 10-12.

[7] 陈凤桂, 张虹鸥, 吴旗韬, 陈伟莲. 我国人口城镇化与土地城镇化协调发展研究 [J]. 人文地理, 2010, 25 (5): 53-58.

[8] 曹钢. 中国城镇化模式举证及其本质差异 [J]. 改革, 2010 (4): 78-83.

[9] 蔡继明. 中国的现代化、城镇化与农地制度改革探析 [J]. 经济前沿, 2005 (1): 7-10.

[10] 陈利根, 李宁, 龙开胜. 产权不完全界定研究: 一个公共域的分析框架 [J]. 云南财经大学学报, 2013 (4): 12-20.

[11] 蔡立雄. 市场化与中国农村制度变迁 [M]. 北京: 社会科学文献出版社, 2009: 145.

[12] 陈胜祥. 农民土地情结变迁的经济意义——基于1149份问卷的调查分析 [J]. 青海社会科学, 2012 (6): 80-85.

[13] 崔许锋. 民族地区的人口城镇化与土地城镇化: 非均衡性与空间异质性 [J]. 中国人口·资源与环境, 2014, 24 (8): 63-72.

[14] 陈锡文，韩俊．如何推进农民土地使用权合理流转 [J]．农业工程技术（农业产业化），2006（1）：78-80．

[15] 地方财政收入必须摆脱对房地产业的过度依赖 [EB/OL]．http：//news. focus. cn/wlmq/2017-08-15/11626891. html．

[16] 道格拉斯·C. 诺思．经济史上的结构和变革 [M]．北京：商务印书馆，2005．

[17] 道格拉斯·C. 诺思．制度、制度变迁与经济绩效 [M]．上海：上海三联书店，1994．

[18] 道格拉斯·C. 诺思著．钟正生等译．理解经济变迁过程 [M]．北京：中国人民大学出版社，2008．

[19] 德姆赛茨．关于产权的理论 [A]．R. 科斯，A. 阿尔钦，D. 诺思．财产权利与制度变迁：产权学派与新制度学派译文集 [C]．刘守英等译．上海：上海三联书店，1990：98．

[20] 陈明星，龚颖华，隋昱文．新型城镇化背景下中部地区的人口就近城镇化模式研究 [J]．苏州大学学报（哲学社会科学版），2016，37（6）：7-14．

[21] 杜松华，陈扬森，柯晓波，蒋瑞新．"互联网+生态农业"可持续发展——广东绿谷模式探究 [J]．管理评论，2017，29（6）：264-272．

[22] 丁守海．中国城镇发展中的就业问题 [J]．中国社会科学，2014（1）：30-47，204-205．

[23] 邓祥征，金琴，林丹琪．中国西部城镇化发展模式研究 [J]．农村金融研究，2012（2）：37-40．

[24] 董玄，周立，刘婧玥．金融支农政策的选择性制定与选择性执行——兼论上有政策、下有对策 [J]．农业经济问题，2016，37（10）：18-30，110．

[25] 戴维·奥斯本，特德·盖布勒．改革政府——企业精神如何改革公营部门 [M]．上海：上海译文出版社，1996：28．

[26] 费洪平．当前我国产业转型升级的方向及路径 [J]．宏观经济研究，2017（2）：3-8，38．

[27] 付江涛，纪月清，胡浩．产权保护与农户土地流转合约选择——兼评新一轮承包地确权颁证对农地流转的影响 [J]．江海学刊，2016（3）：74-80，238．

[28] 范如国，韩民春．基于复杂性理论的和谐社会制度系统构建研究 [J]．经济体制改革，2008（6）：32-36．

［29］顾朝林等．中国城镇化格局、过程、机理［M］．北京：科学出版社，2008：3.

［30］国家农委办公室编《农业集体化重要文件汇编》（上册），中共中央党校出版社，1981.

［31］国家统计局．中国城市统计年鉴（2014）［M］．北京：中国统计出版社，2015.

［32］国家统计局．中国统计年鉴（2014）［M］．北京：中国统计出版社，2015.

［33］国务院关于进一步推进户籍制度改革的意见［J］．当代农村财经，2014（9）：39－41.

［34］郭美荣，李瑾，冯献．基于"互联网＋"的城乡一体化发展模式探究［J］．中国软科学，2017（9）：10－17.

［35］国务院批转全国城市规划工作会议纪要（1980－12－09）［R］．中华人民共和国国务院公报，1980（20）：646－652.

［36］郭晓鸣．农村土地制度改革的主要进展与基本态势［N］．人民日报，2010－06－25（007）.

［37］高彦彦．互联网信息技术如何促进农村社会经济发展？［J］．现代经济探讨，2018（4）：94－100.

［38］高志刚，华淑名．新型工业化与新型城镇化耦合协调发展的机理与测度分析——以新疆为例［J］．中国科技论坛，2015（9）：121－126.

［39］辜胜阻，刘江日，曹誉波．民间资本推进城镇化建设的问题与对策［J］．当代财经，2014（2）：5－11.

［40］辜胜阻，刘江日．城镇化要从"要素驱动"走向"创新驱动"［J］．人口研究，2012，36（6）：3－12.

［41］黄广明．新土地革命．南方周末［N］.2001－06－14（002）.

［42］何广文，刘甜．基于乡村振兴视角的农村金融困境与创新选择［J］．学术界，2018（10）：46－55.

［43］贺汉魂，夏明月．城镇化背景下农民土地权益保障的道义边界研究——基于马克思劳动伦理观视域［J］．云梦学刊，2016，37（6）：34－42

［44］黄季焜，冀县卿．农地使用权确权与农户对农地的长期投资［J］．管理世界，2012（9）：76－188.

［45］胡康生．中华人民共和国农村土地承包法释义［M］．北京：法律出

版社，2002.

[46] 胡伦，陆迁. 贫困地区农户互联网信息技术使用的增收效应 [J]. 改革，2019（2）：74 –86.

[47] 黄砺，谭荣. 中国农地产权是有意的制度模糊吗？[J]. 中国农村观察，2014（6）：2 –94.

[48] 洪名勇. 中国农地产权制度变迁：一个马克思的分析模型 [J]. 经济学家，2012（7）：71 –77.

[49] 何·皮特. 谁是中国土地的拥有者 [M]. 林韵然，译. 北京：社会科学文献出版社，2014.

[50] 何·皮特. 谁是中国土地的拥有者？——制度变迁、产权和社会冲突 [M]. 林韵然，译. 北京：社会科学文献出版社，2008.

[51] 黄少安. 产权经济学导论 [M]. 北京：经济科学出版社，2004：68.

[52] 黄少安. 关于制度变迁的三个假说及其验证 [J]. 中国社会科学，2000（4）：37 –205.

[53] 黄少安，孙圣民，宫明波. 中国土地产权制度对农业经济增长的影响——对 1949 ~1978 年中国大陆农业生产效率的实证分析 [J]. 中国社会科学，2005（3）：38 –206.

[54] 贺雪峰. 地权的逻辑：中国农村土地制度向何处 [M]. 北京：中国政法大学出版社，2010.

[55] 胡拥军. 新型城镇化条件下政府与市场关系再解构：观照国际经验 [J]. 改革，2014（2）：120 –130.

[56] 胡亚兰，张荣. 我国智慧农业的运营模式、问题与战略对策 [J]. 经济体制改革，2017（4）：70 –76.

[57] 黄宗智. 长江三角洲小农家庭与乡村发展 [M]. 北京：中华书局，1992.

[58] 黄宗智. 华北的小农经济与社会变迁 [M]. 北京：中华书局，1986.

[59] 解春艳，丰景春，张可，薛松. "互联网 +" 战略的农业面源污染治理效应研究——基于地理空间视角 [J]. 软科学，2017，31（4）：5 –14.

[60] 金观涛，刘青峰. 中国历史上封建社会的结构：一个超稳定系统 [J]. 贵州师范大学学报（社会科学版），1980（1）：6.

[61] 金一虹. 流动的父权：流动农民家庭的变迁 [J]. 中国社会科学，

2010 (4): 151 - 223.

[62] 江泽民. 江泽民文选 (第二卷) [M]. 北京: 人民出版社.

[63] 康芒斯. 制度经济学 (上册) [M]. 北京: 商务印书馆, 2006.

[64] 科斯, 诺思, 威廉姆森等. 制度、契约与组织——从新制度经济学角度的透视 [M]. 北京: 经济科学出版社, 2005.

[65] 李爱萍. 山西省 "互联网 + 农产品" 营销模式研究 [J]. 经济问题, 2018 (4): 70 - 76.

[66] 刘爱华. 城镇化语境下的 "乡愁" 安放与民俗文化保护 [J]. 民俗研究, 2016 (6): 118 - 160.

[67] 刘爱华. 新型城镇化语境下民俗文化反哺的效能与维度 [J]. 民俗研究, 2015 (3): 39 - 46.

[68] 罗必良. 公共领域、模糊产权与政府的产权模糊化倾向 [J]. 改革, 2005 (7): 105 - 113.

[69] 罗必良. 科斯定理: 反思与拓展——兼论中国农地流转制度改革与选择 [J]. 经济研究, 2017, 52 (11): 178 - 193.

[70] 罗必良. 农村土地制度: 变革历程与创新意义 [J]. 南方经济, 2008 (11): 3 - 12.

[71] 罗必良. 农地产权模糊化: 一个概念性框架及其解释 [J]. 学术研究, 2011 (12): 48 - 56, 160.

[72] 刘传江, 郑凌云. 城镇化与城乡可持续发展 [M]. 北京: 科学出版社, 2004.

[73] 陆大道, 宋林飞, 任平. 中国城镇化发展模式: 如何走向科学发展之路 [J]. 苏州大学学报 (哲学社会科学版), 2007 (2): 1 - 7.

[74] 龙奋杰, 王爵, 王雪芹, 邹迪. 基于资源可达性的贵州省新型城镇化模式 [J]. 城市发展研究, 2016, 23 (3): 111 - 117.

[75] 蓝海涛, 周振. 我国 "互联网 + 农村经济" 发展现状与政策建议 [J]. 宏观经济管理, 2018 (7): 31 - 65.

[76] 刘红星. 温州市城镇化特点分析和水平预测 [J]. 城市规划, 1987 (2): 39 - 47.

[77] 李瑾, 郭美荣. 互联网环境下农业服务业的创新发展 [J]. 华南农业大学学报 (社会科学版), 2018, 17 (2): 11 - 21.

[78] 龙江, 靳永辉. 我国智慧农业发展态势、问题与战略对策 [J]. 经

济体制改革，2018（3）：74-78.

[79] 李剑农. 魏晋南北朝隋唐经济史稿［M］. 北京：中华书局，1963.

[80] 李宁，陈利根，孙佑海. 转型期农地产权变迁的绩效与多样性研究：来自模糊产权下租值耗散的思考［J］. 江西财经大学学报，2014（6）：77-90.

[81] 李强，陈宇琳，刘精明. 中国城镇化"推进模式"研究［J］. 中国社会科学，2012（7）：82-205.

[82] 刘奇. 中国城镇化三条新路径——大学带城　企业造城　市场兴城［J］. 人民论坛，2014（13）：62-63.

[83] 刘奇. 中国三农"危"与"机"［M］. 北京：中国发展出版社，2014.

[84] 李强，张莹，陈振华. 就地城镇化模式研究［J］. 江苏行政学院学报，2016（1）：52-60.

[85] 柳树青. 培育和发展农村土地市场问题的探讨［J］. 当代经济研究，2000（12）：42-45.

[86] 罗晰，周业付. "互联网+"背景下农业产业化创新体系研究［J］. 科技进步与对策，2017，34（24）：71-77.

[87] 林毅夫，杨建平. 健全土地制度发育土地市场［J］. 中国农村经济，1993（12）：3-7.

[88] 林毅夫. 制度、技术与中国农业发展［M］. 上海：上海人民出版社，1994.

[89] 林毅夫. 制度、技术与中国农业发展［M］. 上海：上海人民出版社、上海三联书店，1993.

[90] 刘元胜，崔长彬，唐浩. 城乡建设用地增减挂钩背景下的撤村并居研究［J］. 经济问题探索，2011（11）：149-152.

[91] 刘永湘，任啸. 农村集体土地自发入市及制度创新［J］. 中国土地科学，2003（3）：24-28.

[92] 李云新，杨磊. 中国城镇化"推进模式"的发展困境与转型路径［J］. 中国行政管理，2015（6）：53-57.

[93] 李子联. 人口城镇化滞后于土地城镇化之谜——来自中国省际面板数据的解释［J］. 中国人口·资源与环境，2013，23（11）：94-101.

[94] 吕之望. 产权的保护和实施［D］. 北京：中国社会科学院，2003.

[95] 马晨，李瑾. "互联网+"时代我国现代农业服务业的新内涵、新

特征及动力机制研究［J］. 科技管理研究，2018，38（2）：196－202.

　　［96］道格拉斯·C. 诺思著. 钟正生等译. 理解经济变迁过程［M］. 北京：中国人民大学出版社，2008：152.

　　［97］刘易斯·芒福德. 城市发展史——起源、演变和前景［M］. 北京：中国建筑工业出版社，2005.

　　［98］孟勤国. 物权二元结构论：中国物权制度的理论重构［M］. 北京：人民法院出版社，2009.

　　［99］倪国华，蔡昉. 农户究竟需要多大的农地经营规模？——农地经营规模决策图谱研究［J］. 经济研究，2015，50（3）：159－171.

　　［100］倪鹏飞. 新型城镇化的基本模式、具体路径与推进对策［J］. 江海学刊，2013（1）：87－94.

　　［101］诺思. 制度、制度变迁与经济绩效［M］. 上海：上海三联书店、上海人民出版社，1994：3.

　　［102］农业部课题组. 中国农村土地承包经营制度及合作组织运行考察［J］. 农业经济问题，1991（4）、1993（11）.

　　［103］宁越敏. 新城镇化进程——90 年代中国城镇化动力机制和特点探讨［J］. 地理学报，1998（5）：88－95.

　　［104］倪喆."互联网＋"时代农业发展新常态研究［J］. 农村经济，2017（9）：14－18.

　　［105］权衡. 以要素市场化改革推进新型城镇化建设［J］. 国家行政学院学报，2014（3）：29－30.

　　［106］齐凯君. 供给侧结构性改革助推新型城镇化［N］. 人民日报，2016－05－16（007）.

　　［107］齐康，夏宗玕. 城镇化与城镇体系［J］. 建筑学报，1985（2）：15－21.

　　［108］钱龙，洪名勇. 农地产权是"有意的制度模糊"吗——兼论土地确权的路径选择［J］. 经济学家，2015（8）：24－29.

　　［109］仇保兴. 国外模式与中国城镇化道路选择［J］. 人民论坛，2005（6）：42－44.

　　［110］邱海洋，胡振虎. 绿色农业创业与乡村振兴——基于互联网普及门槛效应的视角［J］. 西安财经学院学报，2019，32（3）：68－75.

　　［111］秦震. 论中国政府主导型城镇化模式［J］. 华南师范大学学报（社

会科学版），2013（3）：24－29，161.

[112] 钱忠好，曲福田. 农地股份合作制的制度经济解析 [J]. 管理世界，2006（8）：47－55.

[113] 钱忠好. 中国农村土地制度变迁和创新研究（续）[M]. 北京：社会科学文献出版社，2005.

[114] R. 科斯、A. 阿尔钦、D. 诺思等. 财产权利与制度变迁——产权学派与新制度学派译文集 [M]. 上海：上海三联书店、上海人民出版社，2005.

[115] 阮荣平，周佩，郑风田. "互联网＋"背景下的新型农业经营主体信息化发展状况及对策建议——基于全国1394个新型农业经营主体调查数据 [J]. 管理世界，2017（7）：50－64.

[116] 宋娟. 由城镇化实现包容性增长的路径选择 [J]. 农业经济，2013（10）：12－14.

[117] "三农"领域治国理政新思想新实践——研究阐释以习近平同志为总书记的党中央治国理政新思想新实践笔谈 [J]. 中国农村经济，2016（10）：2.

[118] 隋平. 新型城镇化的模式及路径研究 [J]. 学术论坛，2013，36（8）：144－155.

[119] 施威，曹成铭. "互联网＋农业产业链"创新机制与路径研究 [J]. 理论探讨，2017（6）：110－114.

[120] 沈艳斌，胡浩，唐炫玥. 农产品质量安全收益保障机制及"互联网＋"的影响效应 [J]. 湖南农业大学学报（社会科学版），2017，18（2）：17－23.

[121] 陶然，曹广忠. "空间城镇化""人口城镇化"的不匹配与政策组合应对 [J]. 改革，2008（10）：83－88.

[122] 唐润，关雪妍，于荣. "互联网＋农业"产业链协同平台建设 [J]. 中国科技论坛，2018（9）：121－127.

[123] 谭术魁. 中国土地冲突的概念、特征与触发因素研究 [J]. 中国土地科学，2008（4）：4－11.

[124] 田文富. "产城人"融合发展的绿色城镇化模式研究 [J]. 学习论坛，2016，32（3）：37－39.

[125] 童星，赵海林. 影响农村社会保障制度的非经济因素分析 [J]. 南京大学学报（哲学·人文科学·社会科学版），2002（5）：13－19.

[126] 王道勇. 国家与农民关系的现代性变迁：以失地农民为例 [M].

北京：中国人民大学出版社，2000.

［127］我国城镇化率升至 58.52% 释放发展新动能 ［EB/OL］. http：//
www. xinhuanet. com/house/2018 − 02 − 05/c_ 1122367393. htm.

［128］王刚贞，江光辉."农业价值链 + 互联网金融"的创新模式研究——
以农富贷和京农贷为例 ［J］. 农村经济，2017 （4）：49 − 55.

［129］吴华，武健. 要素流动规律对我国新型城镇化建设的启示 ［J］. 中
国财政，2014 （20）：56 − 58.

［130］魏后凯. 多角度聚焦"走新型城镇化道路" ［N］. 社会科学报，
2013 − 06 − 20 （001）.

［131］魏后凯，苏红键. 中国农业转移人口市民化进程研究 ［J］. 中国人
口科学，2013 （5）：21 − 29，126.

［132］魏后凯，王业强，苏红键，郭叶波. 中国城镇化质量综合评价报
告 ［J］. 经济研究参考，2013 （31）：3 − 32.

［133］魏后凯. 怎样理解推进城镇化健康发展是结构调整的重要内容
［N］. 人民日报，2005 − 01 − 19.

［134］王军. 国际典型城镇化模式与我国的比较及其启示 ［J］. 江苏城市
规划，2009 （4）：43 − 46.

［135］王金红. 告别"有意的制度模糊"——中国农地产权制度的核心
问题与改革目标 ［J］. 华南师范大学学报（社会科学版），2011 （2）：5 − 13，
159.

［136］王佳慧. 关于土地制度与农村社会保障关系的思考 ［J］. 前沿，
2005 （8）：218 − 222.

［137］文兰娇，张安录. 长三角地区与珠三角地区农村集体土地市场发
育与运行比较研究——基于上海市松江区、金山区和广东省南海区、东莞市4
地实证分析 ［J］. 中国土地科学，2016，30 （10）：64 − 71.

［138］王莉荣. 广西城镇化进程中推进包容性增长的路径选择 ［J］. 广西
社会科学，2013 （12）：32 − 35.

［139］吴瑞兵."互联网 + 现代农业"助推精准扶贫的模式研究——基于
社区支持农业视角的分析 ［J］. 价格理论与实践，2018 （6）：134 − 137.

［140］温铁军，朱守银. 土地资本的增殖收益及其分配——县以下地方
政府资本原始积累与农村小城镇建设中的土地问题 ［J］. 调研世界，1996
（1）：39 − 41.

[141] 乌廷玉. 中国租佃关系通史 [M]. 吉林：吉林文史出版社，1992.

[142] 王微微. 特色农产品互联网营销模式研究——以四川省为例 [J]. 农村经济，2018（10）：58－63.

[143] 魏晓蓓，王淼. "互联网＋"背景下全产业链模式助推农业产业升级 [J]. 山东社会科学，2018（10）：167－172.

[144] 吴晓刚，张卓妮. 户口、职业隔离与中国城镇的收入不平等 [J]. 中国社会科学，2014（6）：118－209.

[145] 王晓丽. 从市民化角度修正中国城镇化水平 [J]. 中国人口科学，2013（5）：87－128.

[146] 王晓阳. 重新审视土地出让金改革——一个国有产权和公共财政的框架 [J]. 当代财经，2007（2）：34－38.

[147] 吴友仁. 关于我国社会主义城镇化问题 [J]. 城市规划，1979（10）：19－26.

[148] 谢安世. 我国休闲农业发展演进及"互联网＋"转型研究 [J]. 经济纵横，2017（6）：102－107.

[149] 徐锋. 股份合作与农业土地制度改革 [J]. 农业经济问题，1998（5）：22－25.

[150] 薛凤旋，杨春. 外资影响下的城镇化——以珠江三角洲为例 [J]. 城市规划，1995（6）：21－27.

[151] 许芬. 中国人口城镇化滞后土地城镇化的根源——基于城乡间要素不平等交换视角的分析 [J]. 城市问题，2016（7）：12－17.

[152] 习近平. 决胜全面建成小康社会夺取新时代中国特色社会主义伟大胜利 [N]. 人民日报，2017－10－28（01）.

[153] 许经勇. 解读新型城镇化的内涵 [J]. 北方经济，2014（5）：4－6.

[154] 夏英煌，张家义. 城镇化进程中农村土地制度改革的构想 [J]. 中国地质矿产经济，2003（7）：14－47.

[155] 许叶萍，石秀印. 城镇化中的空间社会分层与中国机理 [J]. 北京社会科学，2016（11）：85－94.

[156] 岳琛主编. 中国土地制度史 [M]. 北京：中国国际广播出版社，1990.

[157] 杨虹，刘传江. 中国自上而下城镇化与自下而上城镇化制度安排比较 [J]. 华中理工大学学报（社会科学版），2000（2）：77－79.

[158] 闫海涛. 关于农村家庭联产承包责任制确立的过程 [J]. 鞍山师范

学院学报，2001（4）：5 - 9.

[159] 叶剑平，徐青. 中国农村土地产权结构的度量及其改进——基于 2001 年和 2005 年中国 17 省农地调查的分析 [J]. 华中师范大学学报（人文社会科学版），2007（6）：48 - 53.

[160] 于建嵘. 土地问题已成为农民维权抗争的焦点——关于当前我国农村社会形势的一项专题调研 [J]. 调研世界，2005（3）：22 - 23.

[161] 杨丽霞，苑韶峰，王雪禅. 人口城镇化与土地城镇化协调发展的空间差异研究——以浙江省 69 县市为例 [J]. 中国土地科学，2013，27（11）：18 - 30.

[162] 严思齐，吴群. 土地城镇化与人口城镇化的非协调性和互动关系 [J]. 中国人口·资源与环境，2016，26（11）：28 - 36.

[163] 杨小凯. 中国改革面临的深层问题——关于土地制度改革——杨小凯、江濡山谈话录 [J]. 战略与管理，2002（5）：1 - 5.

[164] 余欣荣. 大力促进农村一二三产业融合发展 [J]. 山东干部函授大学学报（理论学习），2018（6）：44.

[165] 张德元. 赋予农民土地持有权培育农村土地流转市场 [J]. 财政研究，2002（5）：48 - 50.

[166] 赵冈，陈钟毅. 中国土地制度史 [M]. 北京：新星出版社，2006.

[167] 赵冈. 论"一田两主" [J]. 中国社会经济史研究，2007（1）：4.

[168] 赵冈. 永佃制的经济功能 [J]. 中国经济史研究，2006（3）：52.

[169] 中共中央关于全面深化改革若干重大问题的决定 [N]. 人民日报，2013 - 11 - 16（001）.

[170] 中共中央国务院关于实施乡村振兴战略的意见 [N]. 人民日报，2018 - 02 - 05（001）.

[171] 张红宇，刘玫，王晖. 农村土地使用制度变迁：阶段性、多样性与政策调整 [J]. 农业经济问题，2002（2）：12 - 20.

[172] 朱秋博，白军飞，彭超，朱晨. 信息化提升了农业生产率吗？ [J]. 中国农村经济，2019（4）：22 - 40.

[173] 张期陈，胡志平. 中国农地产权绩效：来自制度匹配的观点 [J]. 财经科学，2011（11）：78 - 86.

[174] 周其仁. 土地跨省流转意义非常大 [J]. 农村工作通讯，2011（22）：26.

［175］周其仁．中国经济增长的基础［J］．北京大学学报（哲学社会科学版），2010，47（1）：18－22.

［176］张庭伟．1990年代中国城市空间结构的变化及其动力机制［J］．城市规划，2001（7）：7－14.

［177］张庭伟．对城镇化发展动力的探讨［J］．城市规划，1983（5）：59－47.

［178］张五常．佃农理论——应用于亚洲的农业和台湾的土地改革［M］．北京：商务印书馆，2001.

［179］张伟．"互联网＋"视域下我国农业供给侧结构性改革问题研究［J］．甘肃社会科学，2018（3）：116－122.

［180］周伟林．中国城镇化：内生机制和深层挑战［J］．城市发展研究，2012，19（11）：16－28.

［181］张秀娥，李冬艳．新型城镇化的发展模式及路径研究［J］．经济纵横，2015（7）：27－30.

［182］周璇，唐柳，王茹．农牧区城镇化模式创新与新型农牧区综合体建设研究［J］．农村经济，2016（9）：49－55.

［183］朱宇．51.27%的城镇化率是否高估了中国城镇化水平：国际背景下的思考［J］．人口研究，2012，36（2）：31－36.

［184］赵阳．共有与私有——中国土地产权制度的经济学分析［M］．北京：生活·读书·新知三联书店，2007.

［185］周阳敏．包容性城镇化、回归式产业转移与区域空间结构优化——以河南省固始县为例［J］．城市发展研究，2013，20（11）：20－26，74.

［186］周阳敏．制度资本、微观动力与包容性城镇化模式研究［J］．当代财经，2016（9）：14－23.

［187］中央农村工作会议在北京举行［N］．人民日报，2017－12－30（001）.

［188］赵永平．中国城镇化演进轨迹、现实困境与转型方向［J］．经济问题探索，2016（5）：130－137.

［189］周一星．关于中国城镇化速度的思考［J］．城市规划，2006（S1）：32－40.

［190］Amable, B. Institutional Complementarity and Diversity of Social Systems of Innovation and Production［J］. Review of International Political Economy,

2000, 7 (4): 645 – 687.

[191] Arthur, W. B. Competing Technologies, Increasing Returns, and Lock-in by Historical Events [J]. The Economic Journal, 1989, 99 (394): 116 – 131.

[192] Arthur, W. B. Increasing Returns and Path Dependence in the Economy [M]. The University of Michigan Press, 1994.

[193] Black. D. , J. V. Henderson. Urban Evolution in the USA [J]. Joural of Economic Geography, 2003 (3): 343 – 372.

[194] Boschma, R. Path Creation, Path Dependence and Regional Development. J. Simmie and J. Carpenter (eds.). Path Dependence and the Evolution of City Regional Economies, Working Paper Series, No. 197, Oxford: Oxford Brookes University, 2007: 40 – 55.

[195] Bramwell B, Sharman A. Collaboration in Local Tourism Policy Making [J]. Annals of Tourism Research, 1999, 26 (2): 392 – 415.

[196] Brown, L. R. Who Will Feed China? Wake – Up Call for a Small Planet [M]. W W Norton & Co Inc, 1995.

[197] Cowan, R. Nuclear Power Reactors: A Study in Technological Lock-in [J]. The Journal of Economic History, 1990, 50 (3): 541 – 567.

[198] Daron Acemoglu, James A. Robinson. Why Nations Fail: The Origins of Power, Prosperity and Poverty [M]. New York: Crown Publishers, 2012.

[199] David, P. A. Clio and the Economics of QWERTY [J]. American Economic Review 1985, 75 (2): 332 – 337.

[200] David, P. A. Path Dependence, Its Critics and the Quest for Historical Economics, 2000. Working Paper.

[201] David, P. A. Why are Institutions the 'Carriers of History'? Path Dependence and the Evolution of Conventions, Organizations and Institutions [J]. Structural Change and Economic Dynamics, 1994, 5 (2): 205 – 220.

[202] Ebbinghaus, B. Can Path Dependence Explain Institutional Change? Two Approaches Applied to Welfare State Reform, 2005. MPIFG Discussion Paper.

[203] R. Garud, P. Karnoe. Path Creation as a Process of Mindful Deviation. In R. Garud and P. Karnoe (eds.). Path Dependence and Creation, Lawrence Earlbaum Associates, 2001.

[204] R. Garud, P. Karnoe. Path Dependence or Path Creation? [J]. Journal

of Management Studies, 2010, 47 (4): 234 – 251.

[205] Hsyek, F. A. Notes on the Evolution of Systems of Rules of Conduction: Studies in Philosophy, Politics and Economics [M]. Chicago: University of Chicago Press, 1967.

[206] Ho, P. In Defense of Endogenous, Spontaneously Ordered Development: The Institutional Structure of China's Rural Urban Property Rights [J]. Journal of Peasant Studies, 2013, 40 (6): 1 – 32.

[207] Jiang Xueqin. Stealing the Land [J]. Far Eastern Economic Review, 2002 (2): 5 – 7.

[208] Lester Brown, Who will Feed China? Wake-up Call for a Small Planet (New York: Norton, 1995).

[209] Liebowitz, S. J. Margolis, S. E. Path Dependence, Lock-in, and History [J]. Journal of Law, Economics and Organization, 1995 (4).

[210] Liebowitz, S. J. Margolis, S. E. Winners, Losers and Microsoft: Competition and Antitrust in High Technology [J]. The Independent Institute, 1999 (7).

[211] Mahoney, J. Path Dependence in Historical Sociology [J]. Theory and Society, 2000, 29 (4): 507 – 548.

[212] Martin, R. Rethinking Regional Path Dependence Beyond Lock-in to Evolution [J]. The 2009 Roepke Lecture in Economic Geography.

[213] Meyer, U. Integrating Path Dependency and Path Creation in a General Understanding of Path Constitution [J]. Science, Technology and Innovation Studies, 2007 (3): 23 – 44.

[214] Musole, M. Propertyrights, Transaction Costs and Institutional Change: Conceptual Framework and Literature Review [J]. Progress in Planning, 2009, 71: 43 – 85.

[215] North, Douglass C. and Robert Thomas. The Rise of the Western World: A New Economic History [M]. Cambridge University Press, 1973.

[216] North D. C. Understanding the Process of Economic Change [M]. Princeton, NJ: Princeton University Press, 2005.

[217] Page, S. E. Path Dependence [J]. Quarterly Journal of Political Science, 2006 (9): 87 – 115.

[218] Peter Ho, In Defense of Endogenous, Spontaneously Ordered Development: The Institutional Structure of China's Rural Urban Property Rights, Journal of Peasant Studies, 2013, Vol. 40, No. 6, pp. 1 – 32.

[219] Pham, X. Five Principles of Path Creation [J]. Economicus, Volume VIII, 2006 – 2007: 5 – 17.

[220] P. Ho, Institutions in Transition: Land Ownership, Property Rights, and Social Conflict in China, New York: Oxford University Press, 2005: 35 – 56.

[221] Puffert, D. J. "Path Dependence, Network Form and Technological Change" in "History Matters: Economic Growth, Technology and Population", Stanford University, June 2 – 3, 2000, Conference paper.

[222] Ronald C. Keith. China's Struggle for the Rule of Law (New York: St Martin's Press), p. 12.

[223] Shen X. , Laurence J. C. M. Privatization of Ural Industry and Defacto Urbanization from below in Southern Jiangsu, China [J]. Geoforum, 2005 (36): 761 – 777.

[224] Ran TAO, et al. Land Leasing and Local Public Finance in China's Regional Development: Evidence from Prefecture-level Cities [J]. Urban Studies, 2010, 47 (10): 2217 – 2236.